Auto-
Kennzei
in Europ

Martin Maedebach

Europa
Island
IS
N
Oslo
Irland
Dublin
IRL
Groß-
britannien
GB
London
DK
København
NL
Amsterdam
Berlin
Brüssel
B
Deutsch-
land
D
L
Lux.
Paris
Frankreich
F
FL
Bern
CH
A
Ljubljana
Italien
I
RSM
MC
AND
Portugal
Lisboa
P
Madrid
Spanien
E
Roma
Gibraltar(G.-B.)
Ceuta(Sp.)
Melilla(Sp.)
Rabat
Algier
Tunis
Marokko
Algerien
Tunesien

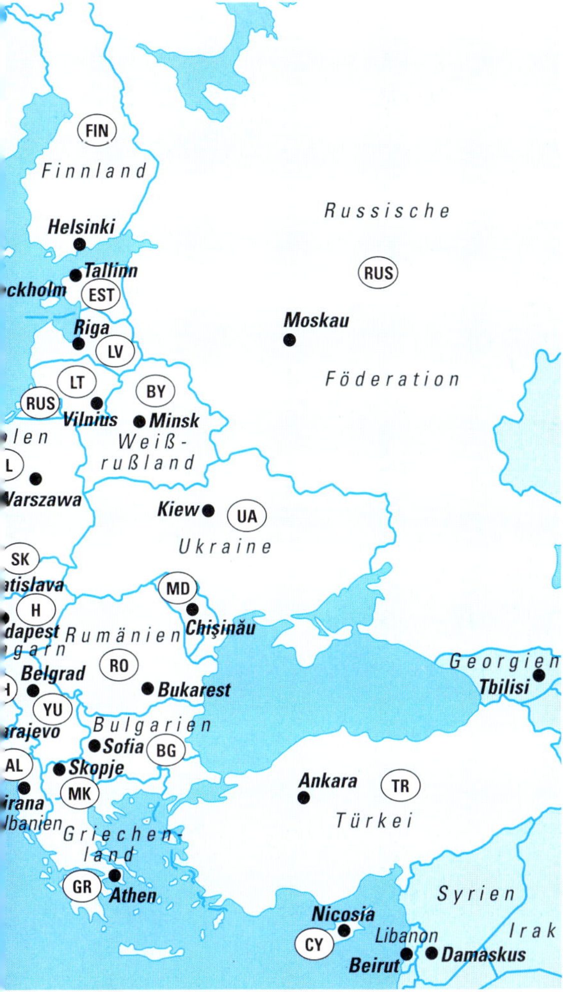

FIN
Finnland
Helsinki
Tallinn
ckholm
EST
Riga
LV
Russische
RUS
Föderation
Moskau
LT
RUS
BY
Vilnius
Minsk
len
Weiß-
rußland
L
Varszawa
Kiew
UA
Ukraine
SK
tislava
MD
H
Chişinău
dapest
Rumänien
garn
Belgrad
RO
Bukarest
YU
rajevo
Bulgarien
Sofia
BG
AL
Skopje
MK
rana
lbanien
Griechen-
land
GR
Athen
Georgien
Tbilisi
Ankara
TR
Türkei
Syrien
Nicosia
CY
Libanon
Irak
Beirut
Damaskus

Inhalt

Ursprünglich hatte Österreich schwarze Autonummern mit weißer Aufschrift. Der erste Buchstabe kennzeichnete das Bundesland, in dem das Fahrzeug gemeldet war.

B	*Burgenland*
G	*Graz*
K	*Kärnten*
L	*Linz*
N	*Niederösterreich*
O	*Oberösterreich*
S	*Salzburg*
St	*Steiermark*
T	*Tirol*
V	*Vorarlberg*
W	*Wien*

Die neuen österreichischen Kennzeichen sind jetzt weiß. Oben und unten haben sie je einen Streifen in den Nationalfarben Rot-Weiß-Rot. Die Buchstabenkombination vor dem Wappen des jeweiligen Bundeslandes gibt Auskunft über die Herkunft des Fahrzeuges. Es folgt eine Ziffern- und Buchstabenkombination, die bei Standardkennzeichen mit einer Zahl beginnt. Auch eine Wunschkombination mit maximal fünf frei gewählten Buchstaben ist möglich. Am Ende steht immer eine Zahl (z. B.: B MEIER 1).

AM	*Amstetten (N)*
B	*Bregenz (V)*
BA	*Exp. Bad Aussee (St)*
BB	*Österreichische Bundesbahnen* **
BD	*Kraftfahrlinienverkehr Bundesbus* **
BG	*Bundesgendarmerie* **
BH	*Heeresfahrzeuge* **
BL	*Bruck/Leitha (N)*
BM	*Bruck/Mur (St)*
BN	*Baden (N)*
BP	*Bundespolizei* **
BR	*Braunau (O)*
BZ	*Bludenz (V)*
DL	*Deutschlandsberg (St)*
DO	*Dornbirn (V)*
E	*Eisenstadt (B)* *
EF	*Eferding (O)*
EU	*Eisenstadt/Umgebung*
FB	*Feldbach (St)*
FE	*Feldkirchen (K)*
FF	*Fürstenfeld (St)*
FK	*Feldkirch (V)*
FR	*Freistadt (O)*
G	*Graz (St)* *
GB	*Exp. Gröbming (St)*
GD	*Gmünd (N)*
GF	*Gänserndorf (N)*
GM	*Gmunden (O)*
GR	*Grieskirchen (O)*
GS	*Güssing (B)*
GU	*Graz/Umgebung (St)*
HA	*Hallein (S)*
HB	*Hartberg (St)*
HE	*Hermagor (K)*
HL	*Hollabrunn (N)*
HO	*Horn (N)*
I	*Innsbruck (T)* *
IL	*Innsbruck/Land (T)*
IM	*Imst (T)*
JE	*Jennersdorf (B)*
JO	*St. Johann i. Pongau (S)*
JU	*Judenburg (St)*

JW *Justizwache ***
K *Klagenfurt (K) **
KB *Kitzbühel (T)*
KF *Knittelfeld (St)*

KI *Kirchdorf/Krems (O)*
KL *Klagenfurt/Land (K)*
KO *Korneuburg (N)*
KR *Krems (N)*

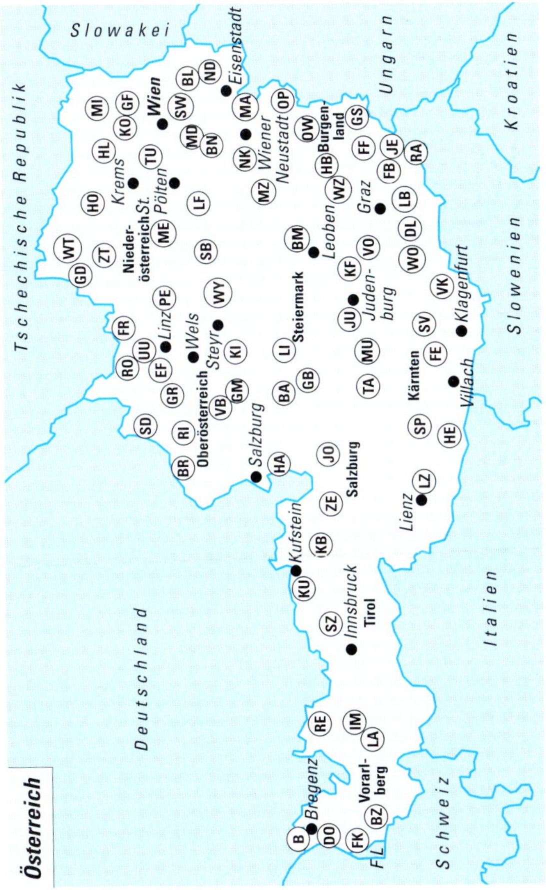

KS	Magistrat Krems (N)
KU	Kufstein (T)
L	Linz (O) *
LA	Landeck (T)
LB	Leibnitz (St)
LE	Leoben (St) *
LF	Lilienfeld (N)
LI	Liezen (St)
LL	Linz/Land (O)
LN	Leoben Umgebung (St)
LZ	Lienz (T)
MA	Mattersburg (B)
MD	Mödling (N)
ME	Melk (N)
MI	Mistelbach (N)
MU	Murau (St)
MZ	Mürzzuschlag (St)
ND	Neusiedl am See (B)
NK	Neunkirchen (N)
OP	Oberpullendorf (B)
OW	Oberwart (B)
P	St. Pölten (N) *
PE	Perg (O)
PL	St. Pölten/Land (N)
PT	Post- und Telegraphen-verwaltung **
RA	Radkersburg (St)
RE	Reutte (T)
RI	Ried im Innkreis (O)
RO	Rohrbach (O)
S	Salzburg (S) *
SB	Scheibbs (N)
SD	Schärding (O)
SE	Steyr/Land (O)
SL	Salzburg/Umgebung (S)
SP	Spittal an der Drau (K)
SR	Steyr (O) *
SV	St. Veit an der Glan (K)
SW	Schwechat (N) *
SZ	Schwaz (T)
TA	Tamsweg (S)
TU	Tulln (N)
UU	Urfahr/Umgebung (O)
VB	Vöcklabruck (O)
VI	Villach (K) *
VK	Völkermarkt (K)
VL	Villach/Land (K)
VO	Voitsberg (St)
W	Wien (W) *
WB	Wiener Neustadt (N)
WE	Wels (O) *
WL	Wels/Land (O)
WN	Wr. Neustadt (N) *
WO	Wolfsberg (K)
WT	Waidhofen/Thaya (N)
WU	Wien/Umgebung (N)
WY	Waidhofen/Ybbs (N)
WZ	Weiz (St)
ZE	Zell/See (S)
ZT	Zwettl (N)
ZW	Zollwache **

** Bundespolizeidirektion, sonst Bezirkshauptmannschaft*

*** Fahrzeuge, die einem sachlichen Bereich zugeordnet sind. Beispiel: BP - 17. Das Wappen ist das Bundeswappen.*

Für spezielle Fahrzeuggruppen gelten in einzelnen Bundesländern gesonderte Buchstabenkombinationen, z. B. TX (Taxi), MW (Mietwagen), FW (Feuerwehr). Beispiel: W 2547 TX.

Besondere Kennzeichen erhalten die Fahrzeuge der Bundesregierung sowie der Landesregierungen. Diese Autonummern haben nach dem Wappen nur Ziffern.

A Bundesregierung/-behörden (Wien)
B Burgenland (Eisenstadt)
K Kärnten (Klagenfurt)
N Niederösterreich (St. Pölten)
O Oberösterreich (Linz)
S Salzburg (Salzburg)
ST Steiermark (Graz)
T Tirol (Innsbruck)
V Vorarlberg (Bregenz)
W Wien (Wien)

Die ausländischen Vertretungen erhalten den Buchstaben D (Diplomaten) bzw. K (Konsuln), der hinter den Buchstaben des jeweiligen Bundeslandes gesetzt wird. Für die Steiermark wird statt ST der Buchstabe G (für Graz) verwendet. Diese Kennzeichen besitzen keine Wappen.

Wissenswertes über Österreich

Fläche: 83 858 qkm
Einwohner: 8,0 Mio.
Bevölkerungsdichte: 95 Einwohner pro qkm
Staatsform: Republik
Währung: Euro
Amtssprache: Deutsch
Gesprochene Sprachen: Deutsch, Kroatisch, Ungarisch, Slowenisch, Tschechisch
Religion: 78% Katholiken, 5% Protestanten, 2% Muslime, 0,2% Altkatholiken, 0,1% Juden, 8,6% konfessionslos
Zeit: MEZ
Nationalfeiertag: 26. Oktober

Hauptstadt: Wien
Die größten Städte: Wien (1 800 000 Ew.), Graz (247 000 Ew.), Linz (208 000 Ew.), Salzburg (149 000 Ew.), Innsbruck (122 000 Ew.)
Längster Fluss: Donau, 350 km österreichischer Anteil, Gesamtlänge 2858 km
Höchster Berg: Großglockner, 3797 m
Größter See: Neusiedler See, 132 qkm österreichischer Anteil, Gesamtfläche 152 qkm

Promillegrenze: 0,5

Höchstgeschwindigkeiten in Österreich

	innerhalb v. Ortschaften	außerhalb v. Ortschaften	Schnellstraßen	Autobahnen
Pkw	50 km/h	80/100 km/h	–	110/130 km/h
Pkw mit Anhänger	50 km/h	80/100 km/h	–	80/100 km/h
Motorrad	50 km/h	80/100 km/h	–	110/130 km/h

Albanien

AL

Albanische Schilder sind weiß und haben einen roten Streifen am linken Rand. Unter dem schwarzen Doppeladler steht das Nationalitätskennzeichen AL. Das Kennzeichen setzt sich aus zwei Buchstaben, einer vierstelligen Zahl und nochmals einem Buchstaben zusammen. Die ersten beiden Buchstaben stehen für den Verwaltungsbezirk, in dem das Fahrzeug zugelassen ist.

BČ *Tropojë (Bairim Curri)*
BR *Berat*
BZ *Bulqizë*
DI *Dibre*
DL *Delvinë*
DR *Durrës*
DV *Devolli*
EL *Elbasan*
ER *Kolonjë (Ersekë)*
FR *Fier*
GJ *Gjirokastër*
GR *Gramsh*
HS *Has*
KJ *Kavajë*
KO *Korçë*
KR *Krujë*
KU *Kukës*
KV *Kuçovë*
LA *Laç*
LB *Librazhd*
LE *Lezhë*
LU *Lushnjë*
MA *Mallakastër*
MR *Mirditë*
MT *Mat*
PE *Peqin*
PG *Pogradec*
PR *Permet*
PU *Pukë*
SH *Shkodër*
SK *Skrapar*
SR *Sarandë*
TP *Tepelenë*
TR *Tiranë (Tirana)*
VL *Vlorë (Valona)*

Wissenswertes über Albanien

Fläche: *28 748 qkm*
Einwohner: *3,4 Mio.*
Bevölkerungsdichte: *119 Einwohner pro qkm*

Staatsform: *Republik*
Währung: *1 Lek=100 Quindarka*
Amtssprache: *Albanisch*
Gesprochene Sprachen: *Albanisch (zwei Versionen)*
Religion: *Reorganisation muslimischer, albanisch-orthodoxer und katholischer Religionsgemeinschaften nach einem 23-jährigen Verbot*
Zeit: *MEZ*
Nationalfeiertag: *28. November*

Hauptstadt: *Tirana*

Höchstgeschwindigkeiten in Albanien

	innerhalb v. Ortschaften	außerhalb v. Ortschaften	Schnellstraßen	Autobahnen
Pkw	40 km/h	lt. Anzeige	–	–
Motorrad	40 km/h	lt. Anzeige	–	–

Die größten Städte: *Tirana (427 000 Ew., Durrës (85 400 Ew.), Elbasan (83 300 Ew.)*
Längster Fluss: *Drin, 250 km albanischer Anteil, Gesamtlänge 300 km*
Höchster Berg: *Korab, 2764 m*

Promillegrenze: *Alkoholverbot*

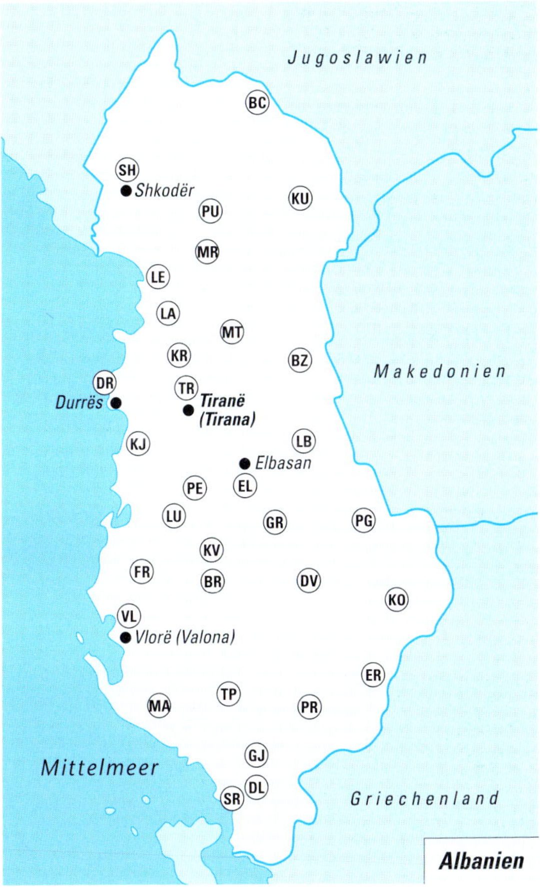

Wenn man ein Kennzeichen mit dem blauen Schriftzug »Principat d'Andorra« sieht, fällt die Zuordnung nicht schwer. Auf der linken Seite des Schildes befindet sich das Staatswappen. Oberhalb des Schriftzuges steht die eigentliche Nummer. Am 1. Dezember 1981 wurde das erste Schild der neuen Serie A0001 ausgegeben. Davor bestanden die Autonummern ausschließlich aus Zahlen. Im Jahre 1997 ist man bereits bei dem Buchstaben D angelangt.

Wissenswertes über Andorra

Fläche: 468 qkm
Einwohner: 66 000
Bevölkerungsdichte: 141 Einwohner pro qkm

Staatsform: parlamentarisches Fürstentum (Principat)
Währung: Euro
Amtssprache: Katalanisch
Gesprochene Sprachen: Spanisch, Katalanisch, Französisch
Religion: 94 % Katholiken
Zeit: MEZ
Nationalfeiertag: 8. September

Hauptstadt: Andorra La Vella
Die größten Städte: Andorra La Vella (22 000 Ew.), Les Escaldes (13 000 Ew.), St. Juliá de Lorio (5000 Ew.), Encamp (5000 Ew.), La Massana (3000 Ew.)
Längster Fluss: Gran Valira, 20 km andorranischer Anteil, Gesamtlänge 36 km
Höchster Berg: Pic Alt, 2946 m

Promillegrenze: 0,5

Höchstgeschwindigkeiten in Andorra

	innerhalb v. Ortschaften	außerhalb v. Ortschaften	Schnellstraßen	Autobahnen
Pkw	50 km/h	90 km/h	–	–
Pkw mit Anhänger	50 km/h	80 km/h	–	–
Motorrad	50 km/h	90 km/h	–	–

Die belgischen Autokennzeichen sind auf Anhieb gut zu erkennen, denn die Schrift ist rot. Das relativ kleine Schild hat außerdem eine rote Umrandung. Leider sagt die sechsstellige Kombination aus drei Buchstaben und ebenso vielen Zahlen nichts über die regionale Herkunft des Fahrzeugs aus.

Wissenswertes über Belgien

Fläche: *30 528 qkm*
Einwohner: *10,1 Mio.*
Bevölkerungsdichte: *331 Einwohner pro qkm*

Staatsform: *parlamentarische Monarchie (Königreich)*

Währung: *Euro*
Amtssprachen: *Niederländisch, Französisch, Deutsch*
Gesprochene Sprachen: *Niederländisch, Französisch, Deutsch*
Religion: *84 % Katholiken, 2 % Muslime, 0,4 % Protestanten, 0,3 % Juden, 10 % konfessionslos*
Zeit: *MEZ*
Nationalfeiertag: *21. Juli*

Hauptstadt: *Brüssel*
Die größten Städte: *Brüssel (950 000 Ew.), Antwerpen (469 000 Ew.), Gent (231 000 Ew.), Charleroi (208 000 Ew.), Lüttich (198 000 Ew.)*
Längster Fluss: *Schelde, 207 km belgischer Anteil, Gesamtlänge 370 km*
Höchster Berg: *Botrange, 694 m*
Größter See: *Lac de la Plate Taille*

Promillegrenze: *0,5*

Höchstgeschwindigkeiten in Belgien

	innerhalb v. Ortschaften	außerhalb v. Ortschaften	Schnellstraßen	Autobahnen
Pkw	50 km/h	90 km/h	120 km/h	120 km/h
Pkw mit Anhänger	50 km/h	90 km/h	120 km/h	120 km/h
Motorrad	50 km/h	90 km/h	120 km/h	120 km/h

Bulgarien verwendete früher bei den Kennzeichen kyrillische Buchstaben. Seit 1992 werden nur noch Buchstaben gebraucht, die sowohl im kyrillischen als auch im lateinischen Alphabet vorkommen. Das bulgarische Nummernschild ist weiß und hat eine schwarze Umrahmung. Die Aufschrift ist ebenfalls schwarz. Die Registrierung der Kraftfahrzeuge erfolgt in 28 Städten. Das Kennzeichen beginnt mit dem Code des Registrierungsbezirks, der aus ein oder zwei Buchstaben besteht. Es folgen vier Ziffern, am Ende stehen nochmals ein oder zwei Buchstaben. Bei zweizeiligen Kennzeichen werden die Serienbuchstaben neben die Abkürzung der Stadt gesetzt.

A	Burgas
B	Varna
BH	Vidin
BP	Vraca
BT	Veliko Tǒrnovo
C	Sofija (Sofia)
CC	Silistra
CH	Sliven
CM	Smoljan
CO	Sofia (Umgebung)
CT	Stara Zagora
E	Blagoevgrad
EB	Gabrovo
EH	Pleven
H	Šumen
K	Kârdžali
KH	Kjustendil
M	Montana
OB	Loveč
P	Ruse
PA	Pazardžik
PB	Plovdiv
PK	Pernik
PP	Razgrad
T	Tărgovište
TX	Dobrih
X	Haskovo
Y	Jambol

Höchstgeschwindigkeiten in Bulgarien

	innerhalb v. Ortschaften	außerhalb v. Ortschaften	Schnell-straßen	Autobahnen
Pkw	50 km/h	90 km/h	–	120 km/h
Pkw mit Anhänger	50 km/h	90 km/h	–	120 km/h
Motorrad	50 km/h	80 km/h	–	100 km/h

Wissenswertes über Bulgarien

Fläche: 110 994 qkm
Einwohner: 8,8 Mio.
Bevölkerungsdichte: 79 Einwohner pro qkm

Staatsform: Republik
Währung: 1 Lew (Mehrzahl Lewa) = 100 Stótinki
Amtssprache: Bulgarisch
Gesprochene Sprachen: Bulgarisch, Türkisch, Makedonisch
Religion: 89 % Bulgarisch-Orthodoxe, 9 % Muslime, 1 % Katholiken
Zeit: Osteuropäische Zeit (MEZ + 1 Stunde)
Nationalfeiertag: 3. März

Hauptstadt: Sofia
Die größten Städte: Sofia (1 200 000 Ew.), Plovdiv (387 000 Ew.), Varna (321 000 Ew.), Burgas (209 000 Ew.), Ruse (196 000 Ew.)
Längster Fluss: Donau, 520 km bulgarischer Anteil, Gesamtlänge 2858 km
Höchster Berg: Musala, 2925 m

Promillegrenze: Alkoholverbot

Das bosnische Nummernschild hat eine schwarze Aufschrift auf weißem Grund. Am linken Schilderrand ist ein blauer Streifen mit dem Wappen und dem Nationalkennzeichen von Bosnien-Herzegowina zu sehen. Rechts daneben stehen zwei Buchstaben. Sie dienen zur Identifikation der Herkunft des Wagens.

BČ	Brčko
BI	Bihać
BL	Banja Luka
DO	Doboj
GŽ	Goražde
JC	Jajce
LI	Livno
MO	Mostar
PD	Prijedor
SA	Sarajevo
TZ	Tuzla
ZE	Zenica

Bosnien-Herzegowina

Diese Liste ist nicht vollständig, da zusätzliche Codes eingeführt wurden. Bedingt durch die Bürgerkriegswirren sind in Teilgebieten abweichende Kennzeichen ausgegeben worden. So gibt es in den kroatisch besiedelten Landesteilen Schilder, die dem Kennzeichen der Republik Kroatien ähnlich sind. Seit kurzem gibt es ein neues Kennzeichensystem in Bosnien. Nun kann man nicht mehr erkennen, woher das Fahrzeug stammt. Das Kennzeichen besteht aus einer sechsstelligen Zahl, die durch einen Buchstaben in zwei Dreiergruppen geteilt ist.

Wissenswertes über Bosnien-Herzegowina

Fläche: *51 129 qkm*
Einwohner: *3,5 Mio.*
Bevölkerungsdichte: *68 Einwohner pro qkm*

Staatsform: *Republik*
Währung: *Bosnisch-herzegowinischer Dinar*
Amtssprache: *Serbokroatisch*
Gesprochene Sprache: *Serbokroatisch*
Religion: *44 % Muslime, 31 % Serbisch-Orthodoxe, 17 % Katholiken*
Zeit: *MEZ*
Nationalfeiertag: *noch nicht festgelegt*

Hauptstadt: *Sarajevo*
Die größten Städte: *Sarajevo (360 000 Ew.), Zenica (138 000 Ew.), Banja Luka (135 000 Ew.), Tuzla (125 000 Ew.), Mostar (119 000 Ew.)*
Längster Fluss: *Drina, 236 km*
Höchster Berg: *Maglic, 2386 m*
Größter See: *Buško, 56 qkm*

Promillegrenze: *0,5*

Höchstgeschwindigkeiten in Bosnien-Herzegowina

	innerhalb v. Ortschaften	außerhalb v. Ortschaften	Schnellstraßen	Autobahnen
Pkw	60 km/h	80 km/h	100 km/h	120 km/h
Pkw mit Anhänger	60 km/h	80 km/h	80 km/h	80 km/h
Motorrad	60 km/h	80 km/h	100 km/h	120 km/h

Weißrussische Autonummern erkennt man auf Anhieb an ihrer roten Schrift. Das Schild selbst ist weiß und rot umrandet. Das Kennzeichen beginnt mit einer vierstelligen Nummer. Hinter dem Siegel mit dem Landeswappen folgen zwei Buchstaben. An ihnen kann man die Region erkennen, aus der das Fahrzeug kommt. Verwendet werden nur Buchstaben, die sowohl im kyrillischen als auch im lateinische Alphabet vorkommen (A, B, C, E, I, K, M, H, P, O, T, X).

Für besondere Personenkreise gibt es in Weißrussland spezielle Kennzeichen mit schwarzen Symbolen auf gelbem Grund. Diplomatenfahrzeuge tragen das Kennzeichen D und eine Nummer. Für Korrespondenten von Presse, Radio und Fernsehen gilt der Buchstabe K. Andere Ausländer bekommen Kennzeichen mit dem Buchstaben M.

Bei Lastwagen sieht man häufig noch Nummernschilder mit den charakteristischen abgeschrägten Ecken. Diesen Schildertyp findet man bei allen Nachfolgestaaten der ehemaligen Sowjetunion.

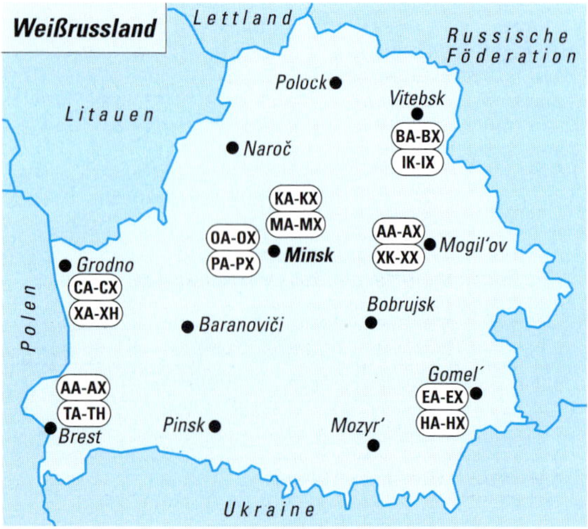

AA-AX *Gebiet Brest, Gebiet Mogil'ov*
BA-BX *Gebiet Vitebsk*
CA-CX *Gebiet Grodno*
EA-EX *Gebiet Gomel'*
HA-HX *Gebiet Gomel'*
IK-IX *Gebiet Vitebsk*
KA-KX *Stadt Minsk*
MA-MX *Stadt Minsk*
OA-OX *Gebiet Minsk*
PA-PX *Gebiet Minsk*
TA-TH *Gebiet Brest*
XA-XH *Gebiet Grodno*
XK-XX *Gebiet Mogil'ov*

Wissenswertes über Weißrussland

Fläche: *207 595 qkm*
Einwohner: *10,3 Mio.*
Bevölkerungsdichte: *50 Einwohner pro qkm*

Staatsform: *Präsidialrepublik*
Währung: *Weißrussischer Rubel*
Amtssprache: *Weißrussisch*
Gesprochene Sprachen: *Weißrussisch, Russisch, Polnisch, Ukrainisch, Jiddisch*

Religion: *60 % Russisch-Orthodoxe, 9 % Katholiken, 1 % Protestanten, muslimische und jüdische Minderheiten, 30 % konfessionslos*
Zeit: *Osteuropäische Zeit (MEZ + 1 Stunde)*
Nationalfeiertag: *27. Juli*

Hauptstadt: *Mensk (Minsk)*
Die größten Städte: *Mensk (1 600 000 Ew.), Gomel' (518 000 Ew.), Vitebsk (380 000 Ew.), Mogil'ov (373 000 Ew.), Grodno (293 000 Ew.)*
Längster Fluss: *Dnjepr, 700 km weißrussischer Anteil, Gesamtlänge 2200 km*
Höchster Berg: *Dzerzinskaja, 346 m*
Größter See: *Naroc, 80 qkm*

Promillegrenze: *absolutes Alkoholverbot*

Höchstgeschwindigkeiten in Weissrußland

	innerhalb v. Ortschaften	außerhalb v. Ortschaften	Schnellstraßen	Autobahnen
Pkw	60 km/h	90 km/h	–	110 km/h
Pkw mit Anhänger	50 km/h	90 km/h	–	90 km/h
Motorrad	50 km/h	90 km/h	–	–

Die Schweizer Autokennzeichen sind weiß und haben schwarze Beschriftung. Ganz links steht das Schweizer Wappen. Die folgenden zwei Buchstaben geben den Kanton an. Das Kantonswappen schließt das Nummernschild auf der rechten Seite ab.

Die Kennzeichen werden von 1 bis 999 999 durchnummeriert. Einmal zugeteilte Nummern behalten ihre Gültigkeit, auch wenn das Fahrzeug wechselt. Niedrige Nummern gelten als besonders vornehm. Für zwei bis dreistellige Nummern werden mehrere tausend Franken geboten. Taucht am Ende der Zahlenreihe ein Buchstabe auf, so handelt es sich entweder um einen Mietwagen (Buchstabe V) oder um ein Händlerfahrzeug (Buchstabe U). Arbeitsfahrzeuge (z. B. Feuerwehr) haben blaue und landwirtschaftliche Fahrzeuge grüne Schilder. Bei sog. Ausnahmefahrzeugen (z. B. Kran) ist das Nummernschild braun und bei Motorrollern gelb.

AG	*Aargau*
AI	*Appenzell Innerrhoden*
AR	*Appenzell Ausserrhoden*
BE	*Bern*
BL	*Basel Land*
BS	*Basel Stadt*
FR	*Fribourg/Freiburg*
GE	*Genève (Genf)*
GL	*Glarus*
GR	*Graubünden/Grischuns/ Grigioni*
JU	*Jura*
LU	*Luzern*
NE	*Neuchâtel (Neuenburg)*
NW	*Nidwalden*

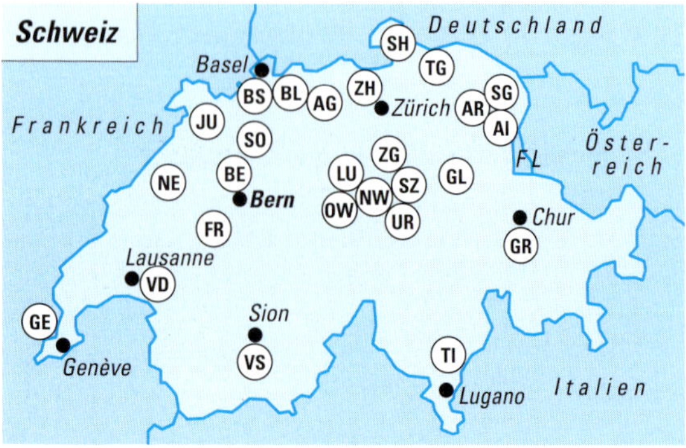

OW Obwalden
SG St. Gallen
SH Schaffhausen
SO Solothurn
SZ Schwyz
TG Thurgau
TI Ticino (Tessin)
UR Uri
VD Vaud (Waadt)
VS Valais/Wallis
ZG Zug
ZH Zürich

Sonderkennzeichen:

M Militär (schwarzes Schild, weiße Schrift)
P Post
A Bundesbehörden

Wissenswertes über die Schweiz

Fläche: 41 284 qkm
Einwohner: 7,2 Mio.
Bevölkerungsdichte:
174 Einwohner pro qkm

Staatsform: Bundesrepublik

Währung: 1 Schweizer Franken = 100 Rappen
Amtssprachen: Deutsch, Französisch, Italienisch, Rätoromanisch
Religion: 46 % Katholiken, 40 % Protestanten, 2,2 % Muslime, 0,3 % Juden, 8,9 % konfessionslos
Zeit: MEZ
Nationalfeiertag: 1. August

Hauptstadt: Bern
Die größten Städte:
Zürich (345 000 Ew.), Basel (183 000 Ew.), Genève (Genf, 178 000 Ew.), Bern (135 000 Ew.)
Längster Fluss: Rhein, 375 km schweizer Anteil, Gesamtlänge 1320 km
Höchster Berg: Monte Rosa, 4634 m
Größter See: Genfer See, 347 qkm Schweizer Anteil, Gesamtfläche 581 qkm

Promillegrenze: 0,8

Höchstgeschwindigkeiten in der Schweiz

	innerhalb v. Ortschaften	außerhalb v. Ortschaften	Schnell-straßen	Autobahnen
Pkw	50 km/h	80 km/h	–	120 km/h
Pkw mit Anhänger	50 km/h	60/80 km/h	–	80 km/h
Motorrad	50 km/h	80 km/h	–	120 km/h

Die Autonummern bestehen aus drei Buchstaben und drei Zahlen. Die Buchstaben werden in alphabetischer und die Zahlen in numerischer Reihenfolge von 1 bis 999 vergeben. Am linken Rand sind EU-Sternenkreis und Ländercode CY abgebildet. Mietwagen tragen rote Nummern. Die Vergabe der Kennzeichen ist nicht an Orte oder Regionen gebunden. Dies gilt für den griechischen Südteil der Insel.

Wissenswertes über Zypern

Fläche: 9251 qkm
Einwohner: 742 000
Bevölkerungsdichte: 80 Einwohner pro qkm
Staatsform: Republik
Währung: 1 Zypern-Pfund = 100 Cents
Amtssprache: Griechisch, Türkisch
Gesprochene Sprachen: Griechisch, Türkisch
Religion: 80 % Griechisch-Orthodoxe, 19 % Muslime
Zeit: Osteuropäische Zeit (MEZ + 1 Stunde)
Nationalfeiertag: 1. Oktober
Hauptstadt: Lefkosia (Nikosia)
Die größten Städte: Lefkosia (177 000 Ew.), Lémessos (Limassol, 144 000 Ew.), Lárnaca (60 000 Ew.), Páphos (26 000 Ew.), Famagusta (23 000 Ew.)
Längster Fluss: Pedias, 100 km
Höchster Berg: Olympos, 1953 m
Größter See: Salzsee von Akrotiri, 15 qkm
Promillegrenze: 0,4

Höchstgeschwindigkeiten auf Zypern

	innerhalb v. Ortschaften	außerhalb v. Ortschaften	Schnellstraßen	Autobahnen
Pkw	50 km/h	80 km/h	–	100 km/h
Pkw mit Anhänger	50 km/h	80 km/h	–	100 km/h
Motorrad	50 km/h	80 km/h	–	100 km/h

Die tschechischen Autokennzeichen haben schwarze Schrift auf weißem Untergrund. Sie beginnen mit zwei oder drei Buchstaben, es folgen zwei Ziffernpaare. Die ersten beiden Buchstaben geben Auskunft über die Herkunft des Fahrzeuges. Die tschechischen Schilder sind gut an den auffälligen TÜV-Plaketten in den Farben Rot und Grün zu erkennen. Für LKW werden Schilder mit gelbem Untergrund ausgegeben.

AB	Praha (Prag)
AC	Praha (Prag)
AD	Praha (Prag)
AE	Praha (Prag)
AF	Praha (Prag)
AG	Praha (Prag)
AH	Praha (Prag)
AI	Praha (Prag)
AJ	Praha (Prag)
AK	Praha (Prag)
AL	Praha (Prag)
AM	Praha (Prag)
AN	Praha (Prag)
AO	Praha (Prag)
AP	Praha (Prag)
AQ	Praha (Prag)
AR	Praha (Prag)
AS	Praha (Prag)
AT	Praha (Prag)
AU	Praha (Prag)
AV	Praha (Prag)
AW	Praha (Prag)
AX	Praha (Prag)
AY	Praha (Prag)
AZ	Praha (Prag)
BE	Beroun
BI	Brno-venkov (Brünn)
BK	Blansko
BM	Brno-město (Brünn)
BN	Benešov
BO	Brno-venkov (Brünn)
BR	Bruntál (Freudenthal)
BS	Brno-město (Brünn)
BV	Břeclav
BZ	Brno-město (Brünn)
CB	České Budějovice (Budweis)
CE	České Budějovice (Budweis)
CH	Cheb (Eger)
CK	Český Krumlov (Krummau)
CL	Česka Lipa (Böhmisch Leipa)
CR	Chrudim
CV	Chomutov (Komotau)
DC	Děčín (Tetschen)
DO	Domažlice (Taus)
FI	Frýdek-Mistek
FM	Frýdek-Mistek
HB	Havlíčkův Brod
HK	Hradec Králové (Königgrätz)
HO	Hodonin
HR	Hradec Králové (Königgrätz)
JC	Jičín
JI	Jihlava (Iglau)
JH	Jindřichův Hradec (Neuhaus)
JN	Jablonec nad Nisou (Gablonz)
KA	Kárviná
KD	Kladno
KH	Kutná Hora
KI	Karviná
KL	Kladno
KM	Kroměříž
KO	Kolin
KR	Karlovy Vary (Karlsbad)
KT	Klatovy (Klattau)

KV	Karlovy Vary (Karlsbad)
LB	Liberec (Reichenberg)
LI	Liberec (Reichenberg)
LN	Louny
LT	Litoměřice (Leitmeritz)
MB	Mladá Boleslav (Jungbunzlau)
ME	Mělník
MO	Most (Brüx)
NA	Náchod
NB	Nymburk
NJ	Nový Jičin
OC	Olomouc (Olmütz)
OL	Olomouc (Olmütz)
OM	Olomouc (Olmütz)
OP	Opava (Troppau)
OS	Ostrava-město (Mährisch Ostrau)
OT	Ostrava-město (Mährisch Ostrau)
OV	Ostrava-město (Mährisch Ostrau)
PA	Pardubice
PB	Příbram
PC	Praha-západ (Prag-West)
PE	Pelhřimov
PH	Praha-východ (Prag-Ost)
PI	Písek
PJ	Plzeň-jih (Pilsen-Süd)
PM	Plzeň-město (Pilsen-Stadt)
PN	Plzeň-město (Pilsen-Stadt)
PR	Přerov
PS	Plzeň-sever (Pilsen-Nord)
PT	Prachatice
PU	Pardubice
PV	Prostějov
PY	Praha-východ (Prag-Ost)
PZ	Praha-západ (Prag-West)
RA	Rakovník
RK	Rychnov nad Kněžnou
RO	Rokycany
SM	Semily
SO	Sokolov (Falkenau)
ST	Strakonice
SU	Šumperk (Mährisch Schönberg)
SY	Svitavy (Zwittau)
TA	Tábor
TC	Tachov
TP	Teplice (Teplitz-Schönau)
TR	Třebič
TU	Trutnov (Trautenau)
UH	Uherske Hradiště
UL	Ústí nad Labem (Aussig)

UO *Ústí nad Orlici*
US *Ústí nad Labem (Aussig)*
VS *Vsetin*
VY *Vyškov*
ZL *Zlin*
ZN *Znojmo (Znaim)*
ZR *Ždár nad Sázavou*

Wissenswertes über die Tschechische Republik

Fläche: 78 864 qkm
Einwohner: 10,4 Mio.
Bevölkerungsdichte: 132 Einwohner pro qkm

Staatsform: Republik
Währung: 1 Tschechische Krone = 100 Haléru
Amtssprache: Tschechisch
Gesprochene Sprachen: Tschechisch, Slowakisch
Religion: 39 % Katholiken, 2,4 % Protestanten, 30 % konfessionslos
Zeit: MEZ
Nationalfeiertag: 28. Oktober

Hauptstadt: Praha (Prag)
Die größten Städte:
Praha (1 200 000 Ew.),
Brno (Brünn, 390 000 Ew.),
Ostrava (Ostrau, 328 000 Ew.),
Plzeň (Pilsen, 174 000 Ew.),
Olomouc (Olmütz, 104 000 Ew.)
Längster Fluss: Moldau, 435 km
Höchster Berg: Schneekoppe, 1602 m
Größter See: Stausee Lipenská, 47 qkm

Promillegrenze: absolutes Alkoholverbot
Bekannte Automarken: Škoda, Tatra

Höchstgeschwindigkeiten in Tschechien

	innerhalb v. Ortschaften	außerhalb v. Ortschaften	Schnellstraßen	Autobahnen
Pkw	50 km/h	90 km/h	130 km/h	130 km/h
Pkw mit Anhänger	50 km/h	80 km/h	80 km/h	80 km/h
Motorrad	50 km/h	90 km/h	130 km/h	130 km/h

Die deutschen Autokennzeichen beginnen mit ein bis drei Buchstaben, an denen man die Herkunft des Fahrzeuges erkennen kann. Nach einem Strich folgen noch einmal höchstens zwei Buchstaben, die nach alphabetischer Reihenfolge vergeben werden, und bis zu vier Ziffern. Das Nummernschild selbst ist weiß, die Schrift schwarz.

Bei den neueren Kennzeichen ist am linken Schilderrand ein blaues Band mit dem Zeichen der Europäischen Union zu sehen. Darunter befindet sich der Buchstabe D als Nationalitätskennzeichen. Bei den Buchstaben und Ziffern wird eine geänderte Schrifttype verwendet, die Fälschungen erschweren soll. Seit einiger Zeit wird auf den Bindestrich verzichtet. Die Erkennungsbuchstaben der Zulassungsstelle werden von der Buchstaben-Ziffern-Kombination des Kennzeichens durch zwei Siegel getrennt. Das obere ist die TÜV-Plakette. An Stelle des Siegels der Zulassungsstelle wird seit neuestem für das untere Symbol das farbige Wappen des jeweiligen Bundeslandes verwendet. Behördenfahrzeuge erkennt man daran, dass nach dem Kennbuchstaben der Zulassungsstelle keine weiteren Buchstaben mehr folgen, sondern nur noch Ziffern (zum Beispiel: CO-2000). Genauso verhält es sich mit den so genannten Überführungskennzeichen für Händler. Die Aufschrift ist bei diesen Schildern in Rot gehalten. Überführungskennzeichen für Privatpersonen haben dagegen schwarze Schrift und besitzen rechts ein gelbes Feld mit Angabe des Gültigkeitsdatums. Saisonkennzeichen zeigen rechts die Angabe zweier Monate übereinander.

Bei Kennzeichen mit grüner Beschriftung handelt es sich um Fahrzeuge, die eine Steuervergünstigung genießen (z. B. landwirtschaftliche Fahrzeuge). Ausfuhrkennzeichen haben am rechten Schilderrand einen roten Streifen, auf dem angegeben ist, bis zu welchem Datum das Schild gültig ist.

Historische Fahrzeuge erhalten nach der Zahl zusätzlich den Buchstaben H (z. B.: MG-B 74 H).

*Die nachstehende Liste enthält die Abkürzungen der Landkreise und kreisfreien Städte. In den Fällen, in denen der Name des Kreises nicht mit der Kreishauptstadt identisch ist, ist diese in Klammern angegeben. Noch gültige Kennzeichen in Ostdeutschland sowie einige in Westdeutschland, die jedoch nicht mehr zugeteilt werden und demnächst auslaufen, sind in der Liste mit einem * markiert. Die für den jeweiligen Kreis aktuellen Kennzeichen findet man hinter dem Pfeil.*

Die Verweise NO, NW, SO und SW beziehen sich auf die Karten auf den Seiten 29, 31, 33, 35.

A *Augsburg; SO*
AA *Ostalbkreis (Aalen); SW*
AB *Aschaffenburg; SW*
ABG *Altenburger-Land (Altenburg); SO*
AC *Aachen*
AE* *Auerbach → V*
AH* *Ahaus → BOR*
AIB* *Bad Aibling → RO*
AIC *Aichach-Friedberg; SO*
AK *Altenkirchen Westerwald; SW*
AL* *Altena → MK*
ALF* *Alfeld Leine → HI*
ALS* *Vogelsbergkreis (Alsfeld) → VB*
ALZ* *Alzenau in Unterfranken → AB*
AM *Stadt Amberg; SO*
AN *Ansbach; SO*
ANA *Annaberg; SO*
ANG* *Angermünde → UM*
ANK* *Ostvorpommern (Anklam) → OVP*
AÖ *Altötting; SO*
AP *Weimarer-Land (Apolda); SO*
APD* *Apolda → AP*
AR* *Arnsberg → HSK*
ARN* *Arnstadt → IK*
ART* *Artern → KYF*
AS *Amberg-Sulzbach; SO*
ASD* *Aschendorf-Hümmling → EL*
ASL *Aschersleben-Staßfurt; NO*
ASZ *Aue-Schwarzenberg; SO*
AT* *Altentreptow → DM*
AU* *Aue → ASZ*
AUR *Aurich; NW*
AW *Ahrweiler (Bad Neuenahr-Ahrweiler); SW*
AZ *Alzey-Worms; SW*
AZE *Anhalt-Zerbst (Coswig); NO*

B *Berlin; NO*
BA *Bamberg; SO*
BAD *Baden-Baden; SW*
BAR *Barnim (Eberswalde); NO*
BB *Böblingen; SW*
BBG *Bernburg; NO*
BC *Biberach/Riß; SW*
BCH* *Buchen Odenwald → MOS*
BE* *Beckum → WAF*
BED* *Brand-Erbisdorf → FG*
BEI* *Beilngries → EI*
BEL* *Belzig → PM*
BER* *Bernau → BAR*
BF* *Steinfurt → ST*
BGD* *Berchtesgaden → BGL*
BGL *Berchtesgadener Land (Bad Reichenhall); SO*
BH* *Bühl/Baden → RA*
BI *Bielefeld; NW*
BID* *Biedenkopf → MR*
BIN* *Bingen/Rhein → MZ*
BIR *Birkenfeld/Nahe, Idar-Oberstein; SW*
BIT *Bitburg-Prüm; SW*
BIW* *Bischofswerda → BZ*
BK* *Backnang → WN*
BKS* *Bernkastel → WIL*
BL *Zollernalbkreis (Balingen); SW*
BLB* *Wittgenstein (Berleburg) → SI*
BLK *Burgenlandkreis (Naumburg); SO*
BM *Erftkreis (Bergheim); SW*
BN *Bonn; SW*
BNA* *Borna → L*
BO *Bochum; NW*
BÖ *Bördekreis (Oschersleben); NO*
BOG* *Bogen → SR*
BOH* *Bocholt → BOR*
BOR *Borken; NW*
BOT *Bottrop; NW*
BR* *Bruchsal → KA*

BRA *Wesermarsch-Brake; NW*
BRB *Brandenburg; NO*
BRG* *Burg → JL*
BRI* *Brilon → HSK*
BRK* *Bad Brückenau → KG*
BRL* *Blankenburg (Braunlage) → GS*
BRV* *Bremervörde → ROW*
BS *Braunschweig; NO*
BSB* *Bersenbrück → OS*
BSK* *Beeskow → LOS*
BT *Bayreuth; SO*
BTF *Bitterfeld; NO*
BU* *Burgdorf → H*
BÜD* *Büdingen → FB*
BÜR* *Büren → PB*
BÜS *Kreis Konstanz (Büsingen); SW*
BÜZ* *Bützow → GÜ*
BUL* *Burglengenfeld → SAD*
BZ *Bautzen; NO*
BZA* *Bergzabern → SÜW*

C *Chemnitz; SO*
CA* *Calau → OSL*
CAS* *Castrop-Rauxel → RE*
CB *Cottbus; NO*
CE *Celle; NW*
CHA *Cham; SO*
CLP *Cloppenburg; NW*
CLZ* *Clausthal-Zellerfeld → GS*
CO *Coburg; SO*
COC *Cochem-Zell; SW*
COE *Coesfeld; NW*
CR* *Crailsheim → SHA*
CUX *Cuxhaven; NW*
CW *Calw; SW*

D *Düsseldorf; NW*
DA *Darmstadt; SW*
DAH *Dachau; SO*
DAN *Lüchow-Dannenberg; NO*
DAU *Daun; SW*
DBR *Bad Doberan; NO*
DD *Dresden; SO*
DE *Dessau; NO*
DEG *Deggendorf; SO*
DEL *Delmenhorst; NW*
DGF *Dindolfing-Landau; SO*
DH *Diepholz, Syke; NW*
DI* *Dieburg → DA*
DIL* *Dillkreis → LDK*
DIN* *Dinslaken → WES*
DIZ* *Unterlahnkreis (Diez) → EMS*
DKB* *Dinkelsbühl → AN*
DL *Döbeln; SO*
DLG *Dillingen a. d. Donau; SO*
DM *Demmin; NO*
DN *Düren; SW*
DO *Dortmund; NW*
DON *Donau-Ries (Donauwörth); SO*
DS* *Donaueschingen → VS*
DT* *Lippe (Detmold) → LIP*
DU *Duisburg; NW*
DUD* *Duderstadt → GÖ*
DÜW *Bad Dürkheim/Weinstraße; SW*
DW *Weißeritzkreis (Dippoldiswalde); SO*
DZ *Delitzsch; NO*

E *Essen; NW*
EA *Eisenach/Thüringen; SW*
EB* *Eilenburg → DZ*
EBE *Ebersberg; SO*
EBN* *Ebern → HAS*
EBS* *Ebermannstadt → FO*
ECK* *Eckernförde → RD*
ED *Erding; SO*
EE *Elbe-Elster-Kreis (Bad Liebenwerda); NO*
EF *Erfurt; SO*
EG* *Eggenfelden → PAN*
EH* *Eisenhüttenstadt → LOS*
EHI* *Ehingen/Donau → UL*
EI *Eichstätt; SO*

EIC Eichsfeld (Heiligenstadt); NW
EIH* Eichstätt → EI
EIL* Eisleben → ML
EIN* Einbeck → NOM
EIS* Eisenberg → SHK
EL Emsland (Meppen); NW
EM Emmendingen; SW
EMD Emden; NW
EMS Rhein-Lahn-Kreis (Bad Ems), Lahnstein; SW
EN Ennepe-Ruhr-Kreis (Schwelm); NW
ER Erlangen; SO
ERB Odenwaldkreis (Erbach); SW

ERH *Erlangen-Höchstadt; SO*
ERK* *Erkelenz → HS*
ES *Esslingen/Neckar; SW*
ESA* *Eisenach → WAK*
ESB* *Eschenbach/Oberpfalz → NEW*
ESW *Werra-Meißner-Kreis (Eschwege); SW*
EU *Euskirchen; SW*
EUT* *Eutin → OH*
EW* *Eberswalde → BAR*

F *Frankfurt/Main; SW*
FAL* *Fallingbostel → SFA*
FB *Wetteraukreis (Friedberg/Hessen); SW*
FD *Fulda; SW*
FDB* *Friedberg → AIC*
FDS *Freudenstadt; SW*
FEU* *Feuchtwangen → AN*
FF *Frankfurt/Oder; NO*
FFB *Fürstenfeldbruck; SO*
FG *Freiberg; SO*
FH* *Main-Taunus-Kreis → MTK*
FI* *Finsterwalde → EE*
FKB* *Frankenberg/Eder → KB*
FL *Stadt Flensburg; NW*
FLÖ* *Flöha → FG*
FN *Bodenseekreis (Friedrichshafen); SW*
FO *Forchheim; SO*
FOR* *Forst → SPN*
FR *Freiburg/Breisgau, Breisgau-Hochschwarzwald; SW*
FRG *Freyung-Grafenau; SO*
FRI *Friesland (Jever); NW*
FRW* *Bad Freienwalde → MOL*
FS *Freising; SO*
FT *Frankenthal/Pfalz; SW*
FTL* *Freital → DW*
FÜ *Fürth; SO*
FÜS* *Füssen → OAL*
FW* *Fürstenwalde → LOS*
FZ* *Fritzlar-Homberg → HR*

G *Gera; SO*
GA* *Gardelegen → SAW*
GAN* *Bad Gandersheim → NOM*
GAP *Garmisch-Partenkirchen; SO*
GC *Chemnitzer Land (Glauchau); SO*
GD* *Schwäbisch Gmünd → AA*
GDB* *Gardebusch → NWM*
GE *Gelsenkirchen; NW*
GEL* *Geldern → KLE*
GEM* *Gemünden → MSP*
GEO* *Gerolzhofen → SW*
GER *Germersheim; SW*
GF *Gifhorn; NO*
GG *Groß-Gerau; SW*
GHA* *Geithain → L*
GHC* *Gräfenhainichen → WB*
GI *Gießen; SW*
GK* *Geilenkirchen-Heinsberg → HS*
GL *Rhein.-Berg.-Kreis (Bergisch Gladbach); SW*
GLA* *Gladbeck → RE*
GM *Oberbergischer Kreis (Gummersbach); SW*
GMN* *Grimmen → NVP*
GN* *Gelnhausen → HU*
GNT* *Genthin → JL*
GOA* *Sankt Goar → SIM*
GÖ *Göttingen; NW*
GOH* *St. Goarshausen → EMS*
GP *Göppingen; SW*
GR *Görlitz; NO*
GRA* *Grafenau → FRG*
GRH* *Großenhain → RG*
GRI* *Griesbach → PA*
GRM* *Grimma → MTL*
GRS* *Gransee → OHV*
GRZ *Greiz; SO*
GS *Goslar; NW*
GT *Gütersloh (Rheda-Wiedenbrück); NW*

GTH	*Gotha; SO*
GUB*	*Guben → SPN*
GÜ	*Güstrow; NO*
GUN*	*Gunzenhausen → WUG*
GV*	*Grevenbroich → NE*
GVM*	*Grevesmühlen → NWM*
GW*	*Greifswald → OVP*
GZ	*Günzburg; SW*
H	*Hannover; NW*
HA	*Hagen; NW*
HAB*	*Hammelburg → KG*
HAL	*Halle; NO*
HAM	*Hamm; NW*
HAS	*Haßberge (Haßfurt); SO*
HB	*Hansestadt Bremen, Bremerhaven; NW*

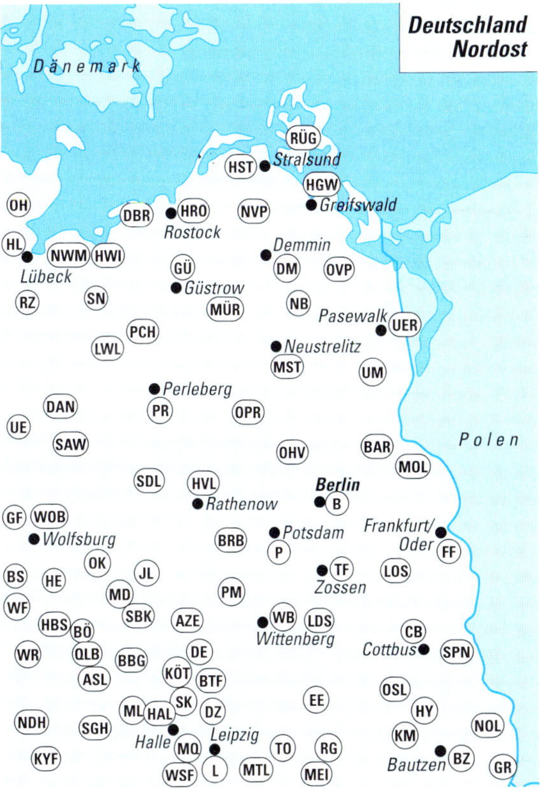

HBN *Hildburghausen; SO*
HBS *Halberstadt; NO*
HC* *Hainichen → MW*
HCH* *Hechingen → BL*
HD *Heidelberg, Rhein-Neckar-Kreis; SW*
HDH *Heidenheim/Brenz; SW*
HDL* *Haldensleben → OK*
HE *Helmstedt; NO*
HEB* *Hersbruck → LAU*
HEF *Hersfeld-Rotenburg; SW*
HEI *Dithmarschen (Heide/Holstein); NW*
HER *Herne; NW*
HET* *Hettstedt → ML*
HF *Herford (Kirchlengern); NW*
HG *Hochtaunuskreis (Bad Homburg); SW*
HGN* *Hagenow → LWL*
HGW *Hansestadt Greifswald; NO*
HH *Hansestadt Hamburg; NW*
HHM* *Hohenmölsen → WSF*
HI *Hildesheim; NW*
HIG* *Heiligenstadt → EIC*
HIP* *Hilpoltstein → RH*
HL *Hansestadt Lübeck; NO*
HM *Hameln-Pyrmont; NW*
HMÜ* *Hannoversch Münden → GÖ*
HN *Heilbronn/Neckar; SW*
HO *Hof; SO*
HÖS* *Höchstadt/Aisch → ERH*
HOG* *Hofgeismar → KS*
HOH* *Hofheim → HAS*
HOL *Holzminden; NW*
HOM *Saarpfalz-Kreis (Homburg); SW*
HOR* *Horb → FDS*
HOT* *Hohenstein-Ernstthal → GC*
HP *Bergstaße (Heppenheim); SW*
HR *Schwalm-Eder-Kreis (Homberg); SW*
HRO *Hansestadt Rostock; NO*
HS *Heinsberg; SW*
HSK *Hochsauerlandkreis (Meschede); NW*
HST *Hansestadt Stralsund; NO*
HU *Main-Kinzig-Kreis (Hanau); SW*
HÜN* *Hünfeld → FD*
HUS* *Husum → NF*
HV* *Havelberg → SDL*
HVL *Havelland (Rathenow); NO*
HW* *Halle/Westfalen → GT*
HWI *Hansestadt Wismar; NO*
HX *Höxter; NW*
HY *Hoyerswerda; NO*
HZ* *Herzberg → EE*

IGB *St. Ingbert; SW*
IK *Ilm-Kreis (Arnstadt); SO*
IL* *Ilmenau → IK*
ILL* *Illertissen → NU*
IN *Ingolstadt; SO*
IS* *Iserlohn → MK*
IZ *Steinburg (Itzehoe); NW*

J *Jena; SO*
JB* *Jüterbog → TF*
JE* *Jessen → WB*
JEV* *Friesland (Jever) → FRI*
JL *Jerichower Land (Burg); NO*
JÜL* *Jülich → DN*

K *Köln; SW*
KA *Karlsruhe; SW*
KAR* *Main-Spessart (Karlstadt) → MSP*
KB *Waldeck-Frankenberg (Korbach); SW*
KC *Kronach; SO*
KE *Kempten/Allgäu; SW*
KEH *Kelheim; SO*
KEL* *Kehl → OG*
KEM* *Kemnath → TIR*
KF *Kaufbeuren; SO*

KG *Bad Kissingen; SW*
KH *Bad Kreuznach; SW*
KI *Kiel; NW*
KIB *Donnersbergkreis (Kirchheimbolanden); SW*
KK* *Kempten-Krefeld → VIE*
KL *Kaiserslautern; SW*
KLE *Kleve; NW*
KLZ* *Klötze (SAW)*
KM *Kamenz; NO*
KN *Konstanz; SW*
KO *Koblenz; SW*
KÖN* *Königshofen i. Grabfeld → NES*
KÖT *Köthen; NO*
KÖZ* *Kötzting → CHA*

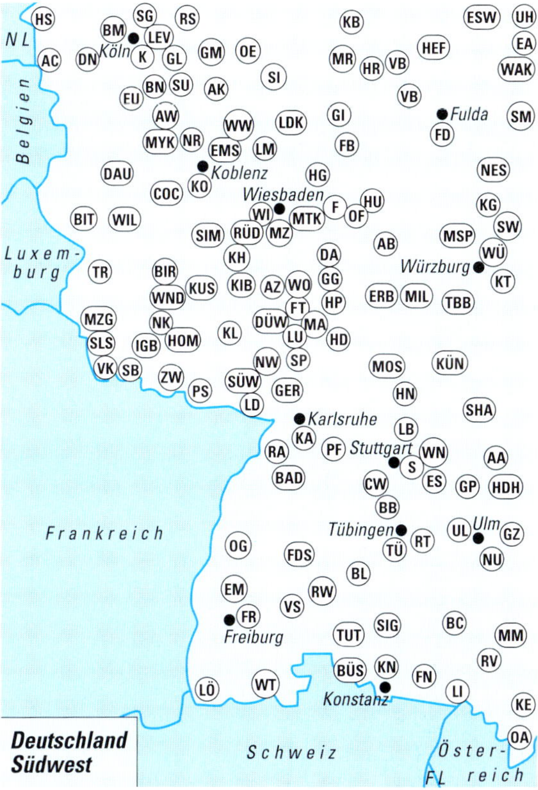

KR Krefeld; NW
KRU* Krumbach → GZ
KS Kassel; NW
KT Kitzingen; SW
KU Kulmbach; SO
KÜN Hohenlohekreis (Künzelsau); SW
KUS Kusel; SW
KW* Königs Wusterhausen → LDS
KY* Kyritz → OPR
KYF Kyffhäuserkreis (Sondershausen); NO

L Leipzig; NO
L* Lahn-Dill-Kreis (Gießen, Wetzlar) → LDK/GI
LA Landshut; SO
LAN* Landau/Isar → DGF
LAT* Vogelsbergkreis (Lauterbach) → VB
LAU Nürnberger Land (Lauf an der Pegnitz); SO
LB Ludwigsburg; SW
LBS* Lobenstein → SOK
LBZ* Lübz → PCH
LC* Luckau → LDS
LD Landau/Pfalz; SW
LDK Lahn-Dill-Kreis (Wetzlar); SW
LDS Landkreis Dahme-Spree (Königswusterhausen); NO
LE* Lemgo → LIP
LEO* Leonberg/Württemberg → BB
LER Leer/Ostfriesland; NO
LEV Leverkusen; SW
LF* Laufen → BGL
LG Lüneburg; NW
LH* Lüdinghausen → COE
LI Lindau/Bodensee; SW
LIB* Bad Liebenwerda → EE
LIF Lichtenfels; SO
LIN* Lingen/Ems → EL
LIP Lippe-Detmold; NW
LK* Lübbecke → MI
LL Landsberg a. Lech; SO
LM Limburg/-Weilburg; SW
LN* Lübben → LDS
LÖ Lörrach; SW
LÖB* Löbau → ZI
LOH* Lohr/Main → MSP
LOS Landkreis Oder-Spree (Beeskow); NO
LP* Lippstadt → SO
LR* Lahr/Schwarzwald → OG
LS* Märkischer Kreis (Lüdenscheid) → MK
LSZ* Bad Langensalza → UH
LU Ludwigshafen/Rhein; SW
LÜD* Lüdenscheid → MK
LÜN* Lünen → UN
LUK* Luckenwalde → TF
LWL Ludwigslust; NO

M München; SO
MA Mannheim; SW
MAB* Marienberg → MEK
MAI* Mainburg → KEH/FS
MAK* Marktredwitz → WUN
MAL* Mallersdorf → SR
MAR* Marktheidenfeld → MSP
MB Miesbach; SO
MC* Malchin → DM
MD Magdeburg; NO
ME Mettmann; NW
MED* Meldorf/Holstein → HEI
MEG* Melsungen → HR
MEI Meißen-Spreewald; NO
MEK Mittlerer Erzgebirgskreis (Marienberg); SO
MEL* Melle → OS
MEP* Meppen → EL
MER* Merseburg → MQ
MES* Hochsauerlandkreis (Meschede) → HSK
MET* Mellrichstadt → NES

MG Mönchengladbach; NW
MGH* Bad Mergentheim → TBB
MGN* Meiningen → SM
MH Mühlheim an der Ruhr; NW
MHL* Mühlhausen → UH
MI Minden-Lübbecke; NW
MIL Miltenberg; SW
MK Märkischer Kreis (Lüdenscheid); NW
ML Mansfelder Land (Eisleben); NO
MM Memmingen; SW
MN Unterallgäu (Mindelheim); SO
MO* Moers → WES

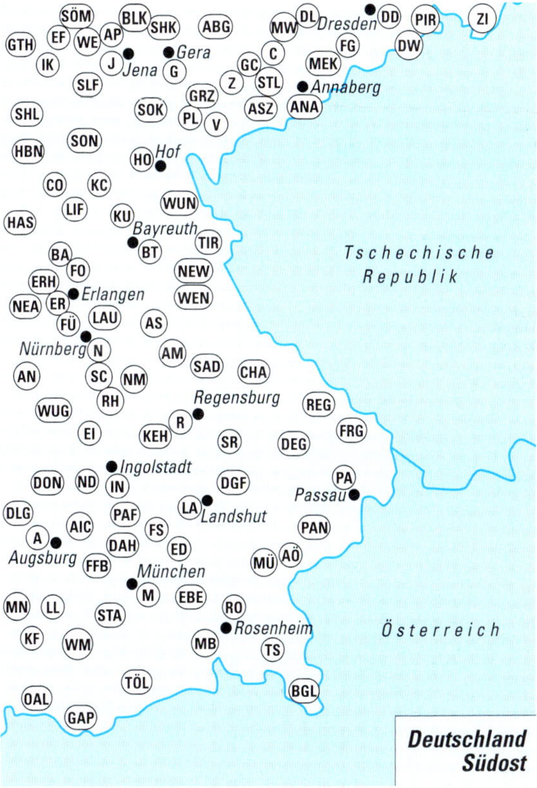

Deutschland Südost

MOD* *Ostallgäu → OAL*
MOL *Märkisch-Oderland (Bad Freienwalde); NO*
MON* *Monschau → AC*
MOS *Neckar-Odenwald-Kreis (Mosbach); SW*
MQ *Merseburg-Querfurt; NO*
MR *Marburg-Biedenkopf; SW*
MS *Münster; NW*
MSP *Main-Spessart (Karlstadt); SW*
MST *Mecklenburg-Strelitz (Neustrelitz); NO*
MT* *Montabaur → WW*
MTK *Main-Taunus-Kreis (Hofheim); SW*
MTL *Muldentalkreis (Grimma); NO*
MÜ *Mühldorf a. Inn; SO*
MÜB* *Münchberg → HO*
MÜL* *Müllheim → FR*
MÜN* *Münsingen/Württemberg → RT*
MÜR *Müritz (Waren); NO*
MW *Mittweida; SO*
MY* *Mayen → MYK*
MYK *Mayen-Koblenz, Andernach; SW*
MZ *Mainz, Mainz-Bingen (Bingen); SW*
MZG *Merzig-Wadern/Saar; SW*

N *Nürnberg; SO*
NAB* *Nabburg → SAD*
NAI* *Naila → HO*
NAU* *Nauen → HVL*
NB *Neubrandenburg; NO*
ND *Neuburg an der Donau/ Schrobenhausen; SO*
NDH *Nordhausen; NO*
NE *Neuss; NW*
NEA *Neustadt an der Aisch-Bad Windsheim; SO*
NEB* *Nebra → BLK*
NEC* *Neustadt bei Coburg → CO*
NEN* *Neunburg vorm Wald → SAD*
NES *Rhön-Grabfeld (Bad Neustadt an der Saale); SW*
NEU* *Neuschwarzwald → FR*
NEW *Neustadt an der Waldnaab; SO*
NF *Nordfriesland; NW*
NH* *Neuhaus → SON*
NI *Nienburg/Weser; NW*
NIB* *Süd-Tondern (Niebüll) → NF*
NK *Neunkirchen/Saar; SW*
NM *Neumarkt/Oberpfalz; SO*
NMB* *Naumburg → BLK*
NMS *Neumünster; NW*
NÖ* *Nördlingen → DON*
NOH *Grafschaft Bentheim (Nordhorn); NW*
NOL *Niederschlesischer Oberlausitzkreis (Niesky); NO*
NOM *Northeim; NW*
NOR* *Norden → AUR*
NP* *Neuruppin → OPR*
NR *Neuwied/Rhein; SW*
NRÜ* *Neustadt am Rübenberge → H*
NT* *Nürtingen → ES*
NU *Neu-Ulm; SW*
NVP *Nordvorpommern (Grimmen); NO*
NW *Neustadt/Weinstraße; SW*
NWM *Nordwestmecklenburg (Grevesmühlen); NO*
NY* *Niesky → NOL*
NZ* *Neustrelitz → MST*

OA *Oberallgäu; SW*
OAL *Ostallgäu; SO*
OB *Oberhausen; NW*
OBB* *Obernburg/Main → MIL*
OBG* *Osterburg → SDL*

OC* *Bördekreis (Oschersleben) → BÖ*
OCH* *Ochsenfurt → WÜ*
OD *Stormarn (Bad Oldesloe); NW*
OE *Olpe; SW*
ÖHR* *Öhringen → KÜN*
OF *Offenbach/Main; SW*
OG *Ortenaukreis (Offenburg); SW*
OH *Ostholstein (Eutin); NO*
OHA *Osterode/Harz; NW*
OHV *Oberhavel (Oranienburg); NO*
OHZ *Osterholz-Scharmbeck; NW*
OK *Ohrekreis (Haldensleben); NO*
OL *Oldenburg, Oldenburg (Wildeshausen); NW*
OLD* *Oldenburg/Holstein → OH*
OP* *Rhein-Wupper-Kreis (Opladen) → GL*
OPR *Ostprignitz-Ruppin (Neuruppin); NO*
OR* *Oranienburg → OHV*
OS *Osnabrück; NW*
OSL *Oberspreewald-Lausitz (Senftenberg); NO*
OTT* *Otterndorf → CUX*
OTW* *Ottweiler → NK*
OVI* *Oberviechtach → SAD*
OVL* *Obervogtland → V*
OVP *Ostvorpommern (Anklam)*
OZ* *Oschatz → TO*

P *Potsdam; NO*
PA *Passau; SO*
PAF *Pfaffenhofen an der Ilm; SO*
PAN *Rottal-Inn (Pfarrkirchen); SO*
PAR* *Parsberg → NM*
PB *Paderborn; NW*
PCH *Parchim; NO*
PE *Peine; NW*
PEG* *Pegnitz → BT*
PER* *Perleberg → PR*
PF *Pforzheim, Enzkreis (Pforzheim; SW*
PI *Pinneberg; NW*
PIR *Sächsische Schweiz (Pirna); SO*
PK* *Pritzwalk → PR*
PL *Plauen; SO*
PLÖ *Plön/Holstein; NW*
PM *Potsdam-Mittelmark (Belzig); NO*
PN* *Pößneck → SOK*
PR *Prignitz (Perleberg); NO*
PRÜ* *Prüm/Eifel → BIT*
PS *Pirmasens, Südwestpfalz; SW*
PW* *Pasewalk → UER*
PZ* *Prenzlau → UM*
QFT* *Querfurt → MQ*
QLB *Quedlinburg; NO*

R *Regensburg; SO*
RA *Rastatt; SW*
RC* *Reichenbach → V*
RD *Rendsburg (Eckernförde); NW*
RDG* *Ribnitz-Damgarten → NVP*
RE *Recklinghausen; NW*
REG *Regen; SO*
REH* *Rehau → HO*
REI* *Bad Reichenhall → BGL*
RG *Riesa-Großenhain; NO*
RH *Roth; SO*
RI* *Schaumburg (Rinteln) → SHG*
RID* *Riedenburg → KEH*
RIE* *Riesa → RG*
RL* *Rochlitz → MW*
RM* *Röbel/Müritz → MÜR*
RN* *Rathenow → HVL*
RO *Rosenheim; SO*
ROD* *Roding → CHA*
ROF* *Rotenburg/Fulda → HEF*

ROK* *Rockenhausen → KIB*
ROH* *Rotenburg/Hannover → ROW*
ROL* *Rottenburg/Laaber → LA*
ROS* *Rostock → DBR*
ROT* *Rothenburg/Tauber → AN*
ROW *Rotenburg/Wümme; NW*
RS *Remscheid; SW*
RSL* *Roßlau → AZE*
RT *Reutlingen; SW*
RU* *Rudolstadt → SLF*
RÜD *Rheingau-Taunus-Kreis (Bad Schwalbach); SW*
RÜG *Rügen (Bergen); NO*
RV *Ravensburg; SW*
RW *Rottweil; SW*
RY* *Rheydt → MG*
RZ *Lauenburg (Ratzeburg); NO*

S *Stuttgart; SW*
SAB* *Saarburg/Trier → TR*
SAD *Schwandorf; SO*
SÄK* *Säckingen → WT*
SAN* *Stadtsteinach → KU*
SAW *Altmarkkreis (Salzwedel); NO*
SB *Saarbrücken; SW*
SBG* *Strasburg → UER*
SBK *Schönebeck; NO*
SC *Schwabach; SO*
SCZ* *Schleiz → SOK*
SDH* *Sondershausen → KYF*
SDL *Stendal; NO*
SDT* *Schwedt/Oder → UM*
SE *Segeberg; NW*
SEB* *Sebnitz → PIR*
SEE* *Seelow → MOL*
SEF* *Scheinfeld → NEA*
SEL* *Selb → WUN*
SF* *Oberallgäu (Sonthofen) → OA*
SFA *Soltau-Fallingbostel; NW*
SFB* *Senftenberg → OSL*
SFT* *Staßfurt → ASL*
SG *Solingen; SW*
SGH *Sangerhausen; NO*
SHA *Schwäbisch Hall; SW*
SHG *Schaumburg (Stadthagen); NW*
SHK *Saale-Holzlandkreis (Eisenberg); SO*
SHL *Suhl; SO*
SI *Siegen-Wittgenstein; SW*
SIG *Sigmaringen; SW*
SIM *Rhein-Hunsrückkreis (Simmern); SW*
SK *Saalkreis (Halle); NO*
SL *Schleswig-Flensburg; NW*
SLE* *Schleiden → EU*
SLG* *Saulgau → SIG*
SLF *Saalfeld-Rudolstadt; SO*
SLN* *Schmölln → ABG*
SLS *Saarlouis; SW*
SLÜ* *Schlüchtern → HU*
SLZ* *Bad Salzungen → WAK*
SM *Schmalkalden-Meiningen; SW*
SMÜ* *Schwabmünchen → A*
SN *Schwerin; NO*
SNH* *Sinsheim/Elsenz → HD*
SO *Soest; NW*
SOB* *Schrobenhausen → ND*
SÖM *Sömmerda; SO*
SOG* *Schongau → WM*
SOK *Saale-Orla-Kreis (Oberböhmsdorf); SO*
SOL* *Soltau → SFA*
SON *Sonneberg; SO*
SP *Speyer; SW*
SPB* *Spremberg → SPN*
SPN *Spree-Neiße-Kreis (Forst); NO*
SPR* *Springe → H*
SR *Straubing, Straubing-Bogen; SO*
SRB* *Strausberg → MOL*
SRO* *Stadtroda → SHK*
ST *Steinfurt; NW*

STA *Starnberg; SO*
STB* *Sternberg → PCH*
STD *Stade; NW*
STE* *Staffelstein → LIF*
STH* *Schaumburg-Lippe (Stadthagen) → SHG*
STL *Stollberg; SO*
STO* *Stockach/Baden → KN*
SU *Rhein-Sieg-Kreis (Siegburg); SW*
SÜW *Südliche Weinstraße (Landau); SW*
SUL* *Sulzbach-Rosenberg → AS*
SW *Schweinfurt; SW*
SWA* *Rheingau-Taunus-Kreis (Bad Schwalbach) → RÜD*
SY* *Syke → DH*
SZ *Salzgitter; NW*
SZB* *Schwarzenberg → ASZ*

TBB *Main-Tauber-Kreis (Tauberbischofsheim); SW*
TE* *Tecklenburg → ST*
TET* *Teterow → GU*
TF *Teltow-Fläming-Kreis (Zossen); NO*
TG* *Torgau → TO*
TIR *Tirschenreuth; SO*
TO *Torgau-Oschatz; NO*
TÖL *Bad-Tölz-Wolfratshausen; SO*
TÖN* *Eiderstedt (Tönning) → NF*
TP* *Templin → UM*
TR *Trier/Trier-Saarburg; SW*
TS *Traunstein; SO*
TT* *Tettnang/Württemberg → FN*
TÜ *Tübingen; SW*
TUT *Tuttlingen; SW*

UE *Uelzen; NO*
ÜB* *Überlingen/Bodensee → FN*
UEM* *Ueckermünde → UER*
UER *Uecker-Randow (Pasewalk)*
UFF* *Uffenheim → NEA*
UH *Unstrut-Hainich-Kreis (Mühlhausen); SW*
UL *Ulm, Alb-Donau-Kreis; SW*
UM *Uckermark (Prenzlau); NO*
UN *Unna; NW*
USI* *Usingen → HG*

V *Vogtlandkreis (Plauen); SO*
VAI* *Vaihingen/Enz → LB*
VB *Vogelsbergkreis (Lauterbach/Hessen); SW*
VEC *Vechta; NW*
VER *Verden/Aller; NW*
VIB* *Vilsbiburg → LA*
VIE *Viersen; NW*
VIT* *Viechtach → REG*
VK *Völklingen; SW*
VL* *Villingen/Schwarzwald → VS*
VOF* *Vilshofen → PA*
VOH* *Vohenstrauß → NEW*
VS *Schwarzwald-Baar-Kreis (Villingen-Schwenningen); SW*

W *Wuppertal; NW*
WA* *Waldeck (Korbach) → KB*
WAF *Warendorf; NW*
WAK *Wartburgkreis (Bad Salzungen); SW*
WAN* *Wanne-Eickel → HER*
WAR* *Warburg → HX*
WAT* *Wattenscheid → BO*
WB *Wittenberg; NO*
WBS* *Worbis → EIC*
WD* *Wiedenbrück → GT*
WDA* *Werdau → Z*
WE *Weimar; SO*
WEB* *Oberwesterwaldkreis (Westerburg/Westerwald) → WW*

WEG* *Wegscheid → PA*
WEL* *Oberlahnkreis (Weilburg) → LM*
WEM* *Wesermünde → CUX*
WEN *Weiden/Oberpfalz; SO*
WER* *Wertingen → DLG*
WES *Wesel; NW*
WF *Wolfenbüttel; NO*
WG* *Wangen/Allgäu → RV*
WHV *Wilhelmshaven; NW*
WI *Wiesbaden ; SW*
WIL *Bernkastel-Wittlich; SW*
WIS* *Wismar → NWM*
WIT* *Witten → EN*
WIZ* *Witzenhausen → ESW*
WK* *Wittstock → OPR*
WL *Harburg (Land) (Winsen/Luhe); NW*
WLG* *Wolgast → OVP*
WM *Weilheim-Schongau; SO*
WMS* *Wolmirstedt → OK*
WN *Rems-Murrkreis (Waiblingen); SW*
WND *St. Wendel; SW*
WO *Worms; SW*
WOB *Wolfsburg; NO*
WOH* *Wolfhagen/Kassel → KS*
WOL* *Wolfach → OG*
WOR* *Wolfratshausen → TÖL*
WOS* *Wolfstein → FRG*
WR *Wernigerode; NO*
WRN* *Waren → MÜR*
WS* *Wasserburg/Inn → RO*
WSF *Weißenfels*
WST *Ammerland (Westerstede); NW*
WSW* *Weißwasser → NOL*
WT *Waldshut-Tiengen; SW*
WTL* *Wittlage → OS*
WTM *Wittmund; NW*
WÜ *Würzburg; SW*
WÜM* *Waldmünchen → CHA*
WUG *Weißenburg-Gunzenhausen; SO*
WUN *Wunsiedel; SO*
WUR* *Wurzen (MTL)*
WW *Westerwald (Montabaur); SW*
WZ* *Wetzlar → LDK*
WZL* *Wanzleben → BÖ*

Z *Zwickau, Zwickauer Land (Werdau); SO*
ZE* *Zerbst → AZE*
ZEL* *Zell/Mosel → COC*
ZI *Löbau-Zittau (Zittau); SO*
ZIG* *Ziegenhain/Kassel → HR*
ZP* *Zschopau → MEK*
ZR* *Zeulenroda → GRZ*
ZS* *Zossen → TF*
ZW *Zweibrücken; SW*
ZZ* *Zeitz → BLK*

Sonderkennzeichen von Bund und Ländern:

Bund:

BD *Bundestag, Bundesrat, Bundespräsidialamt*
BG *Bundesgrenzschutz*
BP* *Deutsche Post AG*
BW *Bundes-Wasser- und Schifffahrtsverwaltung*
THW *Technisches Hilfswerk*
0 *Diplomatisches Corps*
X *Bundeswehrfahrzeuge der NATO-Hauptquartiere*
Y *Bundeswehr*

Länder (Landesregierung und Landtag):

B *Berlin*
BBL *Brandenburg*
BWL *Baden-Württemberg*
BYL *Bayern*
HB *Freie Hansestadt Bremen*
HEL *Hessen*

HH Freie und Hansestadt Hamburg
LSA Sachsen-Anhalt
LSN Sachsen
MVL Mecklenburg-Vorpommern
NL Niedersachsen
NRW Nordrhein-Westfalen
RPL Rheinland-Pfalz
SAL Saarland
SH Schleswig-Holstein
THL Thüringen

Wissenswertes über Deutschland

Fläche: 356 853 qkm
Einwohner: 81,8 Mio.
Bevölkerungsdichte: 228 Einwohner pro qkm

Staatsform: Bundesrepublik
Währung: Euro
Amtssprache: Deutsch
Gesprochene Sprachen: Deutsch, Dänisch, Sorbisch
Religion: 36 % Protestanten, 35 % Katholiken, 2,8 % Muslime, 0,5 % Griechisch-Orthodoxe, 0,5 % Mitglieder der Neuapostolischen Kirche, 0,2 % Zeugen Jehovas, 0,2 % Serbisch-Orthodoxe, ca. 20 % konfessionslos
Zeit: MEZ
Nationalfeiertag: 3. Oktober

Hauptstadt: Berlin
Die größten Städte: Berlin (3 503 000 Ew.), Hamburg (1 702 000 Ew.), München (1 266 000 Ew.), Köln (968 000 Ew.), Frankfurt am Main (669 000 Ew.)
Längster Fluss: Rhein, 865 km deutscher Anteil, Gesamtlänge 1320 km
Höchster Berg: Zugspitze, 2963 m
Größter See: Bodensee, 305 qkm deutscher Anteil, Gesamtfläche 538 qkm, Müritzsee 316 qkm

Promillegrenze: 0,5
Bekannte Automarken: Audi, BMW, Ford, DaimlerChrysler, Opel, Porsche, Volkswagen

Höchstgeschwindigkeiten in Deutschland

	innerhalb v. Ortschaften	außerhalb v. Ortschaften	Schnellstraßen	Autobahnen
Pkw	50 km/h	100 km/h	–	offen
Pkw mit Anhänger	50 km/h	80 km/h	–	80 km/h
Motorrad	50 km/h	100 km/h	–	offen

Dänemark hat kein regionales Nummernsystem. Die Autoschilder geben keinen Aufschluss darüber, aus welchem Landesteil das Fahrzeug stammt (Ausnahme: Färöer-Inseln; Kürzel FO). Die dänischen Kennzeichen bestehen aus zwei Buchstaben und einer fünfstelligen Zahl. Bei PKWs ist das Nummernschild weiß, es trägt schwarze Aufschrift und ist rot umrandet. Die Schilder für LKWs und Lieferfahrzeuge sind hingegen gelb, Schrift und Umrandung sind schwarz.

Wissenswertes über Dänemark

Fläche: 44 493 qkm (ohne Grönland)
Einwohner: 5,2 Mio. (ohne Grönland)
Bevölkerungsdichte: 117 Einwohner pro qkm

Staatsform: parlamentarische Monarchie (Königreich)
Währung: 1 Dänische Krone = 100 Øre
Amtssprache: Dänisch
Gesprochene Sprachen: Dänisch, Deutsch
Religion: 91 % Protestanten
Zeit: MEZ
Nationalfeiertag: 5. Juni
Hauptstadt: København (Kopenhagen)
Die größten Städte: København (467 000 Ew., Groß-Kopenhagen 1 300 000 Ew.), Århus (272 000 Ew.), Odense (181 000 Ew.)
Längster Fluss: Gudenå, 158 km
Höchster Berg: Yding Skovhøj, 173 m
Größter See: Arresø, 41 qkm

Promillegrenze: 0,5

Höchstgeschwindigkeiten in Dänemark

	innerhalb v. Ortschaften	außerhalb v. Ortschaften	Schnellstraßen	Autobahnen
Pkw	50 km/h	80 km/h	80 km/h	110 km/h
Pkw mit Anhänger	50 km/h	70 km/h	70 km/h	70 km/h
Motorrad	50 km/h	80 km/h	80 km/h	110 km/h

Die spanischen Autokennzeichen haben ein weißes Schild mit schwarzer Aufschrift.
Im Jahr 2000 ist Spanien von einem regionalen auf ein nationales System umgestiegen, bei dem man nicht mehr erkennen kann, woher das Fahrzeug stammt.

Nach der blauen Europabanderole folgt eine vierstellige Zahl und eine dreistellige Buchstabenkombination. Die Nummern werden für ganz Spanien nach alphabetischer Reihenfolge von AAA bis ZZZ vergeben.

Die alten spanischen Kennzeichen waren wie folgt aufgebaut. Die Buchstaben vor dem ersten Punkt gaben an, wo der Wagen gemeldet ist. Es folgten eine Zahlenkombination und nach einem weiteren Punkt nochmals ein bis zwei Buchstaben. Sie hatten allerdings nichts mit der Herkunft des Autos zu tun.

Nationale Autokennzeichen – Matrículas Nacionales

A	*Alicante*
AB	*Albacete*
AL	*Almeria*
AV	*Ávila*
B	*Barcelona*
BA	*Badajoz*
BI	*Bilbao (Vizcaya)*
BU	*Burgos*
C	*Coruña*
CA	*Cádiz*
CC	*Cáceres*
CE	*Ceuta*
CO	*Córdoba*
CR	*Ciudad Real*
CS	*Castellón*
CU	*Cuenca*
GC	*Gran Canaria*
GE	*Gerona (auslaufend)*
GI	*Girona*
GR	*Granada*
GU	*Guadalajara*
H	*Huelva*
HU	*Huesca*
IB	*Islas Baleares*
J	*Jaén*
L	*Lérida*
LE	*León*

LO *Logrono (La Rioja)*
LU *Lugo*

M *Madrid*
MA *Málaga*
ML *Melilla*
MU *Murcia*
NA *Navarra (Pamplona)*

O *Oviedo (P. Asturias)*
OR *Orense*

P *Palencia*
PM *Palma de Mallorca (auslaufend)*
PO *Pontevedra*

S *Santander*
SA *Salamanca*
SE *Sevilla*
SG *Segovia*
SO *Soria*
SS *San Sebastián (Guipúzcoa)*

T *Tarragona*
TE *Teruel*
TF *Tenerife*
TO *Toledo*

V *Valencia*
VA *Valladolid*
VI *Vitoria (Álava)*

Z *Zaragoza*
ZA *Zamora*

Amtliche Autokennzeichen

CPN *Cuerpo Policia Nacional (Nationalpolizei)*

FA *Fuerzas Aéreas (Luftwaffe)*

ET *Ejército Tierra (Heer)*

FN *Fuerzas Navales (Marine)*

MOP *Ministerio Obras Públicas*

PGC *Parque Guardia Civil (Polizei)*

PMM *Parque Móvil Ministerios (Regierungsfahrzeuge)*

Höchstgeschwindigkeiten in Spanien

	innerhalb v. Ortschaften	außerhalb v. Ortschaften	Schnell-straßen	Autobahnen
Pkw	50 km/h	90 km/h	100 km/h	120 km/h
Pkw mit Anhänger	50 km/h	70 km/h	80 km/h	80 km/h
Motorrad	50 km/h	90 km/h	100 km/h	120 km/h

Wissenswertes über Spanien

Fläche: *504 782 qkm*
Einwohner: *39,4 Mio.*
Bevölkerungsdichte: *78 Einwohner pro qkm*

Staatsform: *parlamentarische Monarchie (Königreich)*
Währung: *Euro*
Amtssprachen: *Spanisch, regional Katalanisch, Galizisch, Baskisch*
Gesprochene Sprachen: *Spanisch, Katalanisch, Galizisch, Baskisch*
Religion: *94 % Katholiken, 0,8 % Muslime*
Zeit: *MEZ*
Nationalfeiertag: *12. Oktober*
Hauptstadt: *Madrid*

Die größten Städte: *Madrid (3 200 000 Ew.), Barcelona (1 682 000 Ew.), Valencia (771 000 Ew.), Sevilla (699 000 Ew.), Zaragoza (608 000 Ew.)*
Längster Fluss: *Ebro, 910 km*
Höchster Berg: *Pico de Teide, 3716 m (Teneriffa)*

Promillegrenze: *0,5*
Bekannte Automarken: *Pegaso, Seat*

Spanien

Die Autoschilder in Estland sind normalerweise weiß und haben eine schwarze Aufschrift. Lediglich die zeitweilig gültigen Nummern sind gelb. Das Kennzeichen ist sechsstellig und besteht aus drei Ziffern und drei Buchstaben. Man kann am ersten Buchstaben erkennen, woher das Fahrzeug kommt. Er gibt den Distrikt an, in dem das Auto gemeldet ist.

In Estland besteht die Möglichkeit, eine Wunschnummer zu erhalten. Hier können die sechs Symbole frei kombiniert werden. Die Herkunft des Fahrzeuges ist dann nicht mehr ablesbar.

A *Tallinn (Reval)*
B *Tallinn (Reval)*
D *Viljandi*
F *Pärnu*
G *Valga*
H *Hiiumaa*
I *Jõhvi*
J *Jõgeva*
K *Kuressaare*
L *Rapla*
M *Harju*
N *Narva*
O *Põlva*
P *Paide*
R *Rakvere*
S *Haapsalu*
T *Tartu*
V *Võru*

Höchstgeschwindigkeiten in Estland

	innerhalb v. Ortschaften	außerhalb v. Ortschaften	Schnell-straßen	Autobahnen
Pkw	50 km/h	90 km/h	–	110 km/h
Pkw mit Anhänger	50 km/h	70 km/h	–	90 km/h
Motorrad	50 km/h	90 km/h	–	110 km/h

Wissenswertes über Estland

Fläche: *45 227 qkm*
Einwohner: *1,5 Mio.*
Bevölkerungsdichte: *33 Einwohner pro qkm*

Staatsform: *Republik*
Währung: *1 Estnische Krone = 100 Senti*
Amtssprache: *Estnisch*
Gesprochene Sprachen: *Estnisch, Russisch*
Religion: *75 % Protestanten*
Zeit: *Osteuropäische Zeit (MEZ + 1 Stunde)*
Nationalfeiertag: *24. Februar*

Hauptstadt: *Tallinn*
Die größten Städte: *Tallinn (470 000 Ew.), Tartu (110 000 Ew.), Narva (81 000 Ew.), Kohtla-Järve (57 000 Ew.), Pärnu (53 000 Ew.)*
Längster Fluss: *Emajogi, 260 km*
Höchster Berg: *Munamägi, 318 m*
Größter See: *Peipussee, 1800 qkm estnischer Anteil, Gesamtfläche 3550 qkm*

Promillegrenze: *Alkoholverbot*

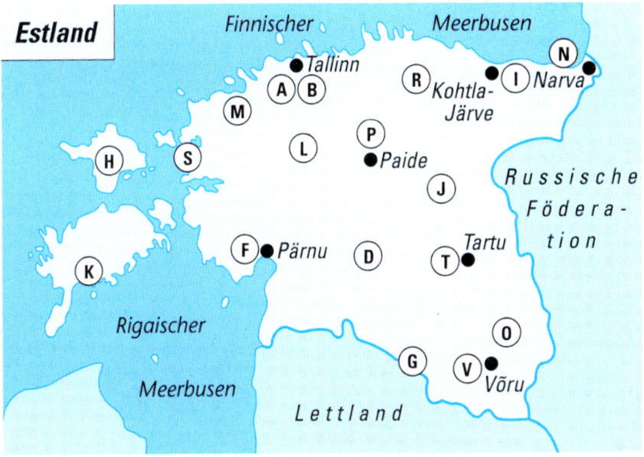

Mitglieder der Europäischen Kommission haben eigene Autokennzeichen. Sie werden zentral in Brüssel vergeben. Man kann nicht feststellen, woher das Fahrzeug kommt.

Das Kennzeichen ist leicht zu erkennen, da es in blauer Schrift auf weißen Grund gehalten ist. Auf der linken Seite befinden sich die großen Buchstaben EUR, umgeben von einem Sternenkreis. Gefolgt wird dieses Merkmal von einer vierstelligen Nummer. Bei Privatfahrzeugen ist die Nummer dem EUR-Zeichen vorangestellt.

Die EU-Kommission soll dem Rat der EU, in dem die Regierungen der EU-Staaten vertreten sind, Vorschläge unterbreiten, nach deren Zustimmung umsetzen und deren Einhaltung überwachen. Sie erstellt zudem den EU-Haushalt. Insgesamt besitzt diese Kommission 20 Kommissare, die Plätze werden nach Größe und Bedeutung der Mitgliedsstaaten vergeben.

An Angehörige der europäischen Flugsicherungsbehörde werden eigene Kennzeichen ausgegeben. Sie sind weiß und haben eine blaue Aufschrift. Nach einer dreistelligen Nummer folgt das Wort EURO. Getrennt sind Zahl und Wort durch einen Punkt.

Die Flugsicherungsbehörde hat ihren Sitz in Brüssel und wurde in den 60er Jahren gegründet, um die verschiedenen nationalen Flugsicherungsbehörden zu bündeln. Außerdem unterhält EUROCONTROL eine Zentralstelle für die Steuerung des Verkehrsflusses und zur Berechnung von Flugsicherungsgebühren in Brüssel, ein Flugsicherungs-Institut in Luxemboug und ein Forschungs-Zentrum bei Paris.

Die Hauptaufgabe aber bleibt neben der Luftraumkontrolle die Harmonisierung der europäischen Flugsicherungen.

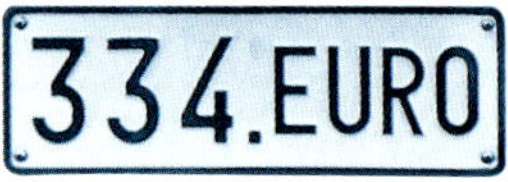

In Frankreich sind die Autokennzeichen wie folgt aufgebaut: Höchstens vier Ziffern werden gefolgt von höchstens drei Buchstaben; danach kommen nochmals zwei Ziffern (z. B.: 5723 HB 78). Entscheidend für die Feststellung, woher das Fahrzeug kommt, sind die letzten beiden Ziffern. Sie geben das Département an, in dem das Fahrzeug gemeldet ist. Die Farbgebung der Nummernschilder hat sich gewandelt. Ältere Fahrzeuge tragen schwarze Schilder mit weißer Aufschrift. Später wurden reflektierende Schilder eingeführt. Die Aufschrift ist schwarz, der Untergrund für das hintere Kennzeichen gelb, für das vordere weiß. In jüngster Zeit wurden auch in Frankreich Schilder nach europäischem Standard mit blauem Band an der linken Seite ausgegeben.

01	Ain
02	Aisne
03	Allier
04	Alpes-de-Haute-Provence
05	Hautes-Alpes
06	Alpes-Maritimes
07	Ardèche
08	Ardennes
09	Ariège
10	Aube
11	Aude
12	Aveyron
13	Bouches-du-Rhône
14	Calvados
15	Cantal
16	Charente
17	Charente-Maritime
18	Cher
19	Corrèze
2A	Corse du Sud
2B	Haute Corse
21	Côte d'Or
22	Côtes-d'Armor
23	Creuse
24	Dordogne
25	Doubs
26	Drôme
27	Eure
28	Eure-et-Loire
29	Finistère
30	Gard
31	Haute-Garonne
32	Gers
33	Gironde
34	Hérault
35	Ille-et-Vilaine
36	Indre
37	Indre-et-Loire
38	Isère
39	Jura
40	Landes
41	Loir-et-Cher
42	Loire
43	Haute-Loire

44 *Loire-Atlantique*
45 *Loiret*
46 *Lot*
47 *Lot-et-Garonne*
48 *Lozère*
49 *Maine-et-Loire*
50 *Manche*
51 *Marne*
52 *Haute-Marne*
53 *Mayenne*
54 *Meurthe-et-Moselle*
55 *Meuse*
56 *Morbihan*
57 *Moselle*
58 *Nièvre*
59 *Nord*
60 *Oise*
61 *Orne*
62 *Pas-de-Calais*
63 *Puy-de-Dôme*
64 *Pyrénées-Atlantiques*
65 *Hautes-Pyrénées*
66 *Pyrénées-Orientales*
67 *Bas-Rhin*
68 *Haut-Rhin*
69 *Rhône*
70 *Haute-Saône*
71 *Saône-et-Loire*
72 *Sarthe*
73 *Savoie*
74 *Haute-Savoie*
75 *Paris*
76 *Seine-Maritime*
77 *Seine-et-Marne*

Frankreich

78 *Yvelines*
79 *Deux-Sèvres*
80 *Somme*
81 *Tarn*
82 *Tarn-et-Garonne*
83 *Var*
84 *Vaucluse*
85 *Vendée*
86 *Vienne*
87 *Haute-Vienne*
88 *Vosges*
89 *Yonne*
90 *Territoire-de-Belfort*
91 *Essonne*
92 *Hauts-de-Seine*
93 *Seine-St-Denis*
94 *Val-de-Marne*
95 *Val-d'Oise*

Wissenswertes über Frankreich

Fläche: 543 965 qkm
Einwohner: 58,4 Mio.
Bevölkerungsdichte: 107 Einwohner pro qkm

Staatsform: Republik
Währung: Euro
Amtssprache: Französisch
Gesprochene Sprachen: Französisch, Baskisch, Bretonisch, Elsässisch, Flämisch, Katalanisch, Korsisch, Okzitanisch
Religion: 80 % Katholiken, 4 %. Muslime, 1,5 % Protestanten, 1,3 % Juden, 0,3 % Armenisch-Orthodoxe
Zeit: MEZ
Nationalfeiertag: 14. Juli

Hauptstadt: Paris
Die größten Städte: Paris (2 200 000 Fw., Groß-Paris 9 300 000 Ew.), Marseille (836 000 Ew.), Lyon (437 000 Ew.), Toulouse (378 000 Ew.), Nice (Nizza, 356 000 Ew.)
Längster Fluss: Loire, 1020 km
Höchster Berg: Montblanc, 4807 m
Größter See: Etang de Berre, 150 qkm

Promillegrenze: 0,5
Bekannte Automarken: Citroën, Matra, Peugeot, Renault

Höchstgeschwindigkeiten in Frankreich

	innerhalb v. Ortschaften	außerhalb v. Ortschaften	Schnellstraßen	Autobahnen
Pkw	50 km/h	90 km/h	110 km/h	130 km/h
Pkw mit Anhänger	50 km/h	80 km/h	80 km/h	80 km/h
Motorr.	50 km/h	90 km/h	110 km/h	130 km/h

In Finnland gibt es kein regionales Autonummernsystem (Ausnahme: Ålandinseln; beginnen mit einem Å). Die Nummernschilder haben schwarze Buchstaben und Zahlen auf weißem Untergrund. Die Kennzeichen beginnen mit zwei oder drei Buchstaben. Nach einem Bindestrich folgen Ziffern. Die Schilder für Lastwagen beginnen stets mit dem Buchstaben P.

Wissenswertes über Finnland

Fläche: 338 139 qkm
Einwohner: 5,1 Mio.
Bevölkerungsdichte: 15 Einwohner pro qkm

Staatsform: Republik
Währung: Euro
Amtssprachen: Finnisch, Schwedisch
Gesprochene Sprachen: Finnisch, Schwedisch, Lappisch
Religion: 87 % Protestanten
Zeit: Osteuropäische Zeit (MEZ + 1 Stunde)
Nationalfeiertag: 6. Dezember

Hauptstadt: Helsinki
Die größten Städte: Helsinki (502 000 Ew.), Espoo (183 000 Ew.), Tampere (179 000 Ew.), Turku (164 000 Ew.), Vantaa (163 000 Ew.)
Längster Fluss: Kemijoki, 260 km
Höchster Berg: Haltiatunturi, 1324 m
Größter See: Saimaa-See, 1460 qkm

Promillegrenze: 0,5

Höchstgeschwindigkeiten in Finnland

	innerhalb v. Ortschaften	außerhalb v. Ortschaften	Schnellstraßen	Autobahnen
Pkw	50 km/h	80–100 km/h	–	120 km/h
Pkw mit Anhänger	50 km/h	80 km/h	–	80 km/h
Motorrad	50 km/h	80–100 km/h	–	120 km/h

Bei dem kleinen Fürstentum Liechtenstein erübrigen sich regionale Autokennzeichen. Das schwarze Kennzeichen mit weißer Aufschrift gibt Aufschluss über die Herkunft des Fahrzeuges. Es zeigt nämlich die Buchstaben FL, die gleiche Kombination wie bei dem Nationalitätskennzeichen. Sie stehen für Fürstentum Liechtenstein. Gefolgt wird das Merkmal vom Wappen des Landes und einer Zahlenkombination.

Wissenswertes über Liechtenstein

Fläche: 160 qkm
Einwohner: 31 000 Ew.
Bevölkerungsdichte: 194 Einwohner pro qkm

Staatsform: parlamentarische Monarchie (Fürstentum)
Währung: 1 Schweizer Franken = 100 Rappen
Amtssprache: Deutsch
Gesprochene Sprache: Deutsch
Religion: 81 % Katholiken
Zeit: MEZ
Nationalfeiertag: 15. August

Hauptstadt: Vaduz
Die größten Städte: Schaan (5000 Ew.), Vaduz (5000 Ew.), Triesen (4000 Ew.), Balzers (4000 Ew.), Eschen (3000 Ew.)
Längster Fluss: Rhein, 26 km Liechtensteiner Anteil, Gesamtlänge 1320 km
Höchster Berg: Vordergrauspitz, 2599 m

Promillegrenze: 0,8

Höchstgeschwindigkeiten in Liechtenstein

	innerhalb v. Ortschaften	außerhalb v. Ortschaften	Schnellstraßen	Autobahnen
Pkw	50 km/h	80 km/h	100 km/h	120 km/h
Pkw mit Anhänger	50 km/h	60/80 km/h	80 km/h	60/80 km/h
Motorrad	50 km/h	80 km/h	100 km/h	120 km/h
Wohnmob.	50 km/h	80 km/h	–	80 km/h

Die britischen Autos haben hinten gelbe Schilder, vorne sind sie weiß. Die Schrift ist jeweils schwarz. Sie weisen eine in der Regel siebenstellige Buchstaben-Zahlen-Kombination auf. Sie besteht aus Buchstaben, drei Zahlen und einem Einzelbuchstaben.

Der einzelne Buchstabe gibt das Jahr der Erstzulassung an. Bei den Schildern vor 1983 befindet sich dieser Buchstabe am Ende des Nummernschildes. 1983 wurde ein neues System eingeführt, das die Umkehrung des alten darstellt. Der Jahresbuchstabe steht seitdem am Anfang der Autonummer.

Endbuchstabe:		*Anfangsbuchstabe:*	
A	*1963*	**A**	*1983/84*
B	*1964*	**B**	*1984/85*
C	*1965*	**C**	*1985/86*
D	*1966*	**D**	*1986/87*
E	*1967*	**E**	*1987/88*
F	*1967/68*	**F**	*1988/89*
G	*1968/69*	**G**	*1989/90*
H	*1969/70*	**H**	*1990/91*
J	*1970/71*	**J**	*1991/92*
K	*1971/72*	**K**	*1992/93*
L	*1972/73*	**L**	*1993/94*
M	*1973/74*	**M**	*1994/95*
N	*1974/75*	**N**	*1995/96*
P	*1975/76*	**P**	*1996/97*
R	*1976/77*	**R**	*1997/98*
S	*1977/78*	**S**	*1998/99*
T	*1978/79*	**T**	*ab 1.3.99*
V	*1979/80*	**V**	*ab 1.9.99*
W	*1980/81*	**W**	*ab 1.3.00*
X	*1981/82*	**X**	*ab 1.9.00*
Y	*1982/83*	**Y**	*ab 1.3.01*
Q	*Für Fahrzeuge, deren Erstzulassung unbekannt ist.*		

Entscheidend für die Identifikation der Herkunft ist allein der Buchstabenblock. Dieser aus drei Buchstaben bestehende Block steht bei den alten Nummernschildern (bis 1983) am Anfang, bei den neuen Nummern (ab 1983) am Ende des Schildes. Dabei sind nur der zweite und dritte Buchstabe maßgeblich.

Beispiel (vor 1983):
LBH 576Y
*Herkunft (**Luton**), Jahr (**1982**)*

Beispiel (nach 1983):
E619 KHM
*Jahr (**1987**), Herkunft (**London**)*

AA *Bournemouth*
AB *Worcester*
AC *Coventry*
AD *Gloucester*
AE *Bristol*
AF *Truro*
AG *Hull*
AH *Norwich*
AJ *Middlesbrough*
AK *Sheffield*
AL *Nottingham*
AM *Swindon*
AN *Reading*
AO *Carlisle*
AP *Brighton*
AR *Chelmsford*
AS *Inverness*
AT *Hull*
AU *Nottingham*
AV *Peterborough*
AW *Shrewsbury*
AX *Cardiff*
AY *Leicester*

BA *Manchester*
BB *Newcastle upon Tyne*
BC *Leicester*
BD *Northampton*
BE *Lincoln*
BF *Stoke-on-Trent*
BG *Liverpool*
BH *Luton*
BJ *Ipswich*
BK *Portsmouth*
BL *Reading*
BM *Luton*
BN *Manchester*
BO *Cardiff*
BP *Portsmouth*
BR *Newcastle upon Tyne*
BS *Inverness*
BT *Leeds*
BU *Manchester*
BV *Preston*
BW *Oxford*
BX *Haverfordwest*
BY *London NW*

CA *Chester*
CB *Manchester*
CC *Bangor*
CD *Brighton*
CE *Peterborough*
CF *Reading*
CG *Bournemouth*
CH *Nottingham*
CJ *Gloucester*
CK *Preston*
CL *Norwich*
CM *Liverpool*
CN *Newcastle upon Tyne*
CO *Exeter*
CP *Huddersfield*
CR *Portsmouth*
CS *Glasgow*
CT *Lincoln*
CU *Newcastle upon Tyne*
CV *Truro*
CW *Preston*
CX *Huddersfield*
CY *Swansea*

DA *Birmingham*
DB *Manchester*
DC *Middlesbrough*
DD *Gloucester*
DE *Haverfordwest*
DF *Gloucester*
DG *Gloucester*
DH *Dudley*
DJ *Liverpool*
DK *Manchester*
DL *Portsmouth*
DM *Chester*
DN *Leeds*
DO *Lincoln*
DP *Reading*
DR *Exeter*

DS	*Glasgow*
DT	*Sheffield*
DU	*Coventry*
DV	*Exeter*
DW	*Cardiff*
DX	*Ipswich*
DY	*Brighton*
EA	*Dudley*
EB	*Peterborough*
EC	*Preston*
ED	*Liverpool*
EE	*Lincoln*
EF	*Middlesbrough*
EG	*Peterborough*
EH	*Stoke-on-Trent*
EJ	*Haverfordwest*
EK	*Liverpool*
EL	*Bournemouth*
EM	*Liverpool*
EN	*Manchester*
EO	*Preston*
EP	*Swansea*
ER	*Peterborough*
ES	*Dundee*
ET	*Sheffield*
EU	*Bristol*
EV	*Chelmsford*
EW	*Peterborough*
EX	*Norwich*
EY	*Bangor*
FA	*Stoke-on-Trent*
FB	*Bristol*
FC	*Oxford*
FD	*Dudley*
FE	*Lincoln*
FF	*Bangor*
FG	*Brighton*
FH	*Gloucester*
FJ	*Exeter*
FK	*Dudley*
FL	*Peterborough*
FM	*Chester*
FN	*Maidstone*
FO	*Gloucester*
FP	*Leicester*
FR	*Preston*
FS	*Edinburgh*
FT	*Newcastle upon Tyne*
FU	*Lincoln*
FV	*Preston*
FW	*Lincoln*
FX	*Bournemouth*
FY	*Liverpool*
GA	*Glasgow*
GB	*Glasgow*
GC	*London SW*
GD	*Glasgow*
GE	*Glasgow*
GF	*London SW*
GG	*Glasgow*
GH	*London SW*
GJ	*London SW*
GK	*London SW*
GL	*Truro*
GM	*Reading*
GN	*London SW*
GO	*London SW*
GP	*London SW*
GR	*Newcastle upon Tyne*
GS	*Luton*
GT	*London SW*
GU	*London SE*
GV	*Ipswich*
GW	*London SE*
GX	*London SE*
GX	*London SE*
HA	*Dudley*
HB	*Cardiff*
HC	*Brighton*
HD	*Huddersfield*
HE	*Sheffield*
HF	*Liverpool*
HG	*Preston*
HH	*Carlisle*
HJ	*Chelmsford*

HK	Chelmsford	**HO**	Bournemouth
HL	Sheffield	**HP**	Coventry
HM	London (Central)	**HR**	Swindon
HN	Middlesbrough	**HS**	Glasgow

HT	*Bristol*
HU	*Bristol*
HV	*London (Central)*
HW	*Bristol*
HX	*London (Central)*
HY	*Bristol*
JA	*Manchester*
JB	*Reading*
JC	*Bangor*
JD	*London (Central)*
JE	*Peterborough*
JF	*Leicester*
JG	*Maidstone*
JH	*Reading*
JJ	*Maidstone*
JK	*Brighton*
JL	*Lincoln*
JM	*Reading*
JN	*Chelmsford*
JO	*Oxford*
JP	*Liverpool*
JR	*Newcastle upon Tyne*
JS	*Inverness*
JT	*Bournemouth*
JU	*Leicester*
JV	*Lincoln*
JW	*Birmingham*
JX	*Huddersfield*
JY	*Exeter*
KA	*LIverpool*
KB	*Liverpool*
KC	*Liverpool*
KD	*Liverpool*
KE	*Maidstone*
KF	*Liverpool*
KG	*Cardiff*
KH	*Hull*
KJ	*Maidstone*
KK	*Maidstone*
KL	*Maidstone*
KM	*Maidstone*
KN	*Maidstone*
KO	*Maidstone*
KP	*Maidstone*
KR	*Maidstone*
KS	*Edinburgh*
KT	*Maidstone*
KU	*Sheffield*
KV	*Coventry*
KW	*Sheffield*
KX	*Luton*
KY	*Sheffield*
LA	*London NW*
LB	*London NW*
LC	*London NW*
LD	*London NW*
LE	*London NW*
LF	*London NW*
LG	*Chester*
LH	*London NW*
LJ	*Bournemouth*
LK	*London NW*
LL	*London NW*
LM	*London NW*
LN	*London NW*
LO	*London NW*
LP	*London NW*
LR	*London NW*
LS	*Edinburgh*
LT	*London NW*
LU	*London NW*
LV	*Liverpool*
LW	*London NW*
LX	*London NW*
LY	*London NW*
MA	*Chester*
MB	*Chester*
MC	*London NE*
MD	*London NE*
ME	*London NE*
MF	*London NE*
MG	*London NE*
MH	*London NE*
MJ	*Luton*

MK	*London NE*
ML	*London NE*
MM	*London NE*
MO	*Reading*
MP	*London NE*
MR	*Swindon*
MS	*Edinburgh*
MT	*London NE*
MU	*London NE*
MV	*London SE*
MX	*Swindon*
MX	*London SE*
MY	*London SE*
NA	*Manchester*
NB	*Manchester*
NC	*Manchester*
ND	*Manchester*
NE	*Manchester*
NF	*Manchester*
NG	*Norwich*
NH	*Northampton*
NJ	*Brighton*
NK	*Luton*
NL	*Newcastle upon Tyne*
NM	*Luton*
NN	*Nottingham*
NO	*Chelmsford*
NP	*Worcester*
NR	*Leicester*
NS	*Glasgow*
NT	*Shrewsbury*
NU	*Nottingham*
NV	*Northampton*
NW	*Leeds*
NX	*Dudley*
NY	*Cardiff*
OA	*Birmingham*
OB	*Birmingham*
OC	*Birmingham*
OD	*Exeter*
OE	*Birmingham*
OF	*Birmingham*
OG	*Birmingham*
OH	*Birmingham*
OJ	*Birmingham*
OK	*Birmingham*
OL	*Birmingham*
OM	*Birmingham*
ON	*Birmingham*
OO	*Chelmsford*
OP	*Birmingham*
OR	*Portsmouth*
OS	*Glasgow*
OT	*Portsmouth*
OU	*Bristol*
OV	*Birmingham*
OW	*Portsmouth*
OX	*Birmingham*
OY	*London NW*
PA	*Guildford*
PB	*Guildford*
PC	*Guildford*
PD	*Guildford*
PE	*Guildford*
PF	*Guildford*
PG	*Guildford*
PH	*Guildford*
PJ	*Guildford*
PK	*Guildford*
PL	*Guildford*
PM	*Guildford*
PN	*Brighton*
PO	*Portsmouth*
PP	*Luton*
PR	*Bournemouth*
PS	*Aberdeen*
PT	*Newcastle upon Tyne*
PU	*Chelmsford*
PV	*Ipswich*
PW	*Norwich*
PX	*Portsmouth*
PY	*Middlesbrough*

RA	*Nottingham*
RB	*Nottingham*
RC	*Nottingham*
RD	*Reading*
RE	*Stoke-on-Trent*
RF	*Stoke-on-Trent*
RG	*Newcastle upon Tyne*
RH	*Hull*
RJ	*Manchester*
RK	*London NW*
RL	*Truro*
RM	*Carlisle*
RN	*Preston*
RO	*Luton*
RP	*Northampton*
RR	*Nottingham*
RS	*Aberdeen*
RT	*Ipswich*
RU	*Bournemouth*
RV	*Portsmouth*
RW	*Coventry*
RX	*Reading*
RY	*Leicester*
SA	*Aberdeen*
SB	*Glasgow*
SC	*Edinburgh*
SCY	*Truro (Isles of Scilly)*
SD	*Glasgow*
SE	*Aberdeen*
SF	*Edinburgh*
SG	*Edinburgh*
SH	*Edinburgh*
SJ	*Glasgow*
SK	*Inverness*
SL	*Dundee*
SM	*Glasgow*
SN	*Dundee*
SO	*Aberdeen*
SP	*Dundee*
SR	*Dundee*
SS	*Aberdeen*
ST	*Inverness*
SU	*Glasgow*
SW	*Glasgow*
SX	*Edinburgh*
TA	*Exeter*
TB	*Liverpool*
TC	*Bristol*
TD	*Manchester*
TE	*Manchester*
TF	*Reading*
TG	*Cardiff*
TH	*Swansea*
TJ	*Liverpool*
TK	*Exeter*
TL	*Lincoln*
TM	*Luton*
TN	*Newcastle upon Tyne*
TO	*Nottingham*
TP	*Portsmouth*
TR	*Portsmouth*
TS	*Dundee*
TT	*Exeter*
TU	*Chester*
TV	*Nottingham*
TW	*Chelmsford*
TX	*Cardiff*
TY	*Newcastle upon Tyne*
UA	*Leeds*
UB	*Leeds*
UC	*London (Central)*
UD	*Oxford*
UE	*Dudley*
UF	*Brighton*
UG	*Leeds*
UH	*Cardiff*
UJ	*Shrewsbury*
UK	*Birmingham*
UL	*London (Central)*
UM	*Leeds*
UN	*Exeter*
UO	*Exeter*
UP	*Newcastle upon Tyne*
UR	*Luton*
US	*Glasgow*

UT *Leicester*
UU *London (Central)*
UV *London (Central)*
UW *London (Central)*
UX *Shrewsbury*
UY *Worcester*

VA *Peterborough*
VB *Maidstone*
VC *Coventry*
VE *Petersborough*
VF *Norwich*
VG *Norwich*
VH *Huddersfield*
VJ *Gloucester*
VK *Newcastle upon Tyne*
VL *Lincoln*
VM *Manchester*
VN *Middlesbrough*
VO *Nottingham*
VP *Birmingham*
VR *Manchester*
VS *Luton*
VT *Stoke-on-Trent*
VU *Manchester*
VV *Northampton*
VW *Chelmsford*
VX *Chelmsford*
VY *Leeds*

WA *Sheffield*
WB *Sheffield*
WC *Chelmsford*
WD *Dudley*
WE *Sheffield*
WF *Sheffield*
WG *Sheffield*
WH *Manchester*
WJ *Sheffield*
WK *Coventry*
WL *Oxford*
WM *Liverpool*
WN *Swansea*
WO *Cardiff*
WP *Worcester*
WR *Leeds*
WS *Bristol*
WT *Leeds*
WU *Leeds*
WV *Brighton*
WW *Leeds*
WX *Leeds*
WY *Leeds*

XA–XY
Reservenummern

YA *Taunton*
YB *Taunton*
YC *Taunton*
YD *Taunton*
YE *London (Central)*
YF *London (Central)*
YG *Leeds*
YH *London (Central)*
YJ *Brighton*
YK *London (Central)*
YL *London (Central)*
YM *London (Central)*
YN *London (Central)*
YO *London (Central)*
YP *London (Central)*
YR *London (Central)*
YS *Glasgow*
YT *London (Central)*
YU *London (Central)*
YV *London (Central)*
YW *London (Central)*
YX *London (Central)*
YY *London (Central)*

Isle of Man (GBM):

Die Insel Man liegt zwischen England und Schottland. Sie untersteht der britischen Krone, gehört aber nicht zum Vereinigten Königreich. Sämtliche Kennzeichen der Isle of Man enthalten die Buchstaben MN. Ab 1983 begann und endete das Kennzeichen jeweils mit den Buchstaben MAN. Dazwischen standen die Zahlen 1 bis 999. Seit 1987 bestehen die Kennzeichen aus den Buchstaben BMN, gefolgt von drei Ziffern und einem Endbuchstaben. Wenn die Kombination BMN 999 Y erreicht ist, folgt CMN 001 A usw.

Kanalinseln (GBA/GBG/GBJ):

Die Kanalinseln vor der Nordküste Frankreichs sind mit der britischen Krone nur lose verbunden und besitzen eine gewisse Eigenständigkeit. Auch die Autokennzeichen weichen vom britischen System ab.
Alderney (GBA): *Das Kennzeichen besteht aus den Buchstaben AY, gefolgt von bis zu vier Ziffern.*
Guernsey (GBG): *Das Kennzeichen besteht nur aus Ziffern.*
Jersey (GBJ): *Am Anfang des Kennzeichens steht der Buchstabe J, danach folgt eine maximal fünfstellige Nummer.*
Gibraltar: *Das Kennzeichen beginnt mit einem G. Es folgt eine fünfstellige Zahl.*

Nordirland

Nordirland hat ein eigenständiges Kennzeichensystem. Die Schilder bestehen aus zwei oder drei Buchstaben, gefolgt von einer vierstelligen Zahl. Die Herkunft kann an den letzten beiden Buchstaben des dreistelligen Buchstabenblocks abgelesen werden. Bis 1986 waren die Kennzeichen Nordirlands und der Republik Irland gleich aufgebaut. In ganz Irland wurden ausschließlich die Buchstaben I und Z, jeweils kombiniert mit einem anderen Buchstaben, verwendet. Seit 1987 gilt dieses alte System nur noch in Nordirland. Die Zuordnung der Kennzeichen finden Sie auf der Karte Seite 76.

AZ	*Belfast*
BZ	*Down*
CZ	*Belfast*
DZ	*Antrim*
EZ	*Belfast*
FZ	*Belfast*
GZ	*Belfast*
HZ	*Tyrone*
IA	*Antrim*
IB	*Armagh*
IJ	*Down*
IL	*Fermanagh*
IW	*Londonderry*
JI	*Tyrone*
JZ	*Down*

KZ Antrim
LZ Armagh
MZ Belfast
NZ Londonderry
OI Belfast
OZ Belfast
PZ Belfast
RZ Antrim
SZ Down
TZ Belfast
UI Londonderry
VZ Tyrone
WZ Belfast
XI Belfast
XZ Armagh
YZ Londonderry
ZU Belfast

Wissenswertes über Großbritannien

Fläche: 242 429 qkm
Einwohner: 58,7 Mio.
Bevölkerungsdichte: 242 Einwohner pro qkm

Staatsform: parlamentarische Monarchie (Vereinigtes Königreich)
Währung: 1 Pfund Sterling = 100 Pence
Amtssprache: Englisch
Gesprochene Sprachen: Englisch, Walisisch, Gälisch
Religion: 56,9 % Anglikaner, 15 % sonstige Protestanten, 13,1 % Katholiken, 1,4 % Muslime, 0,6 % Hindus, 0,5 % Sikhs, 0,5 % Juden
Zeit: Westeuropäische Zeit (MEZ - 1 Stunde)
Nationalfeiertage: im Juni, Tag jährlich wechselnd; England: 23. April, Wales: 1. März, Schottland: 30. November

Hauptstadt: London
Die größten Städte: London (Greater London 6 800 000 Ew.), Birmingham (1 036 000 Ew.), Glasgow (774 000 Ew.), Liverpool (551 000 Ew.)
Längster Fluss: Themse, 388 km
Höchster Berg: Ben Nevis, 1343 m
Größter See: Lough Neagh, 396 qkm

Promillegrenze: 0,8
Bekannte Automarken: Bentley, Daimler, Jaguar, Lotus, Mc Laren, Morgan, Rolls Royce, Rover, Vauxhall, Williams

Höchstgeschwindigkeiten in Großbritannien

	innerhalb v. Ortschaften	außerhalb v. Ortschaften	Schnellstraßen	Autobahnen
Pkw	48 km/h	96 km/h	112 km/h	112 km/h
Pkw mit Anhänger	48 km/h	80 km/h	96 km/h	96 km/h
Motorr.	48 km/h	96 km/h	112 km/h	112 km/h

Griechische Autokennzeichen sind weiß und haben eine schwarze Aufschrift. Die Umrandung des Schildes ist ebenfalls schwarz. Die Kennzeichen bestehen aus drei Buchstaben, gefolgt von einer vierstelligen Zahlenkombination. Getrennt werden Buchstaben- und Zahlenblock durch einen Bindestrich.

Es werden allerdings nur Buchstaben verwendet, die sowohl im griechischen als auch im lateinischen Alphabet vorkommen. Das sind die Lettern A, B, E, H, I, K, M, N, O, P, T, X, Y und Z. Die ersten beiden Buchstaben geben Aufschluss über die Herkunft des Fahrzeuges. Sie zeigen den Distrikt an, in dem das Fahrzeug gemeldet ist.

In der nachstehenden Liste sind die Distrikte angegeben. Die jeweilige Hauptstadt steht in Klammern, sofern sie nicht mit dem Namen des Distrikts identisch ist. Die Buchstaben sind in der Regel dem Namen des Distrikts bzw. der Hauptstadt entnommen, was aber für den deutschen Leser wegen der oft ganz anderen Bedeutung der griechischen Buchstaben nicht nachvollziehbar ist.

AH	*Xanthi*
AI	*Agrinio (Agrinion)*
AK	*Lakonien (Sparti) [Sparta]*
AM	*Phokis (Amfissa)*
AN	*Lasithion (Ajios Nikolaos)*
AP	*Argolis (Nauplion)*
AT	*Artas (Arta)*
AX	*Achäa (Patras)*
BI	*Böotien (Levadia)*
BO	*Magnesien (Volos)*
EB	*Evros (Alexandrupolis)*
EE	*Pellis (Edessa)*
EM	*Kykladen (Ermupolis)*
EP	*Serrä*
EY	*Lefkas*
HA	*Ilias (Pyrgos)*
HM	*Imadia*
HN	*Thesprotias (Igumenitsa)*
HP	*Iraklion*
IN	*Ioannina*
KA	*Karditsa*
KB	*Kavala*
KE	*Kefallinia (Argostolion)*
KH	*Euritanien (Karpenission)*
KI	*Kilkis*
KM	*Messenien (Kalamata)*
KN	*Pierias (Katarini)*
KO	*Rodopis (Komotini)*
KP	*Korinthos [Korinth]*
KT	*Kastoria*
KX	*Kos*
KY	*Kerkyra [Korfu]*
KZ	*Kosani*
ME	*Ätolien (Messolongion)*
MH	*Limnos (Myrina)*
MI	*Othiotidos (Lamia)*
MO	*Samos*
MY	*Lesbos (Mytilini)*
NA	*Thessaloniki*
NB	*Thessaloniki*
NE	*Thessaloniki*
NH	*Thessaloniki*
NI	*Thessaloniki*
NK	*Thessaloniki*

NM *Thessaloniki*
NN *Thessaloniki*
NO *Thessaloniki*
NP *Thessaloniki*
NT *Thessaloniki*
NX *Thessaloniki*
NY *Thessaloniki*
NZ *Thessaloniki*
OP *Orestiada*
PA *Florina*
PE *Rethymnon*
PI *Larissa*
PM *Drama*
PN *Grevena*
PO *Dodekanes (Rhodos)*
PZ *Prevesa*
TK *Trikala*
TP *Arkadien (Tripoli)*
XA *Euböa (Chalkis)*
XI *Chios*
XK *Chalkidike (Polygyros)*
XN *Chania*
YA *Athen*
YB *Athen*
YE *Athen*
YH *Athen*
YI *Piräus*
YK *Piräus*
YM *Piräus*
YN *Piräus*
YO *Attika*
YP *Attika*
YT *Attika*
YX *Attika*
YY *Attika*
YZ *Athen*
ZA *Sakynthus (Zakynthos)*

Wissenswertes über Griechenland

Fläche: 131 957 qkm
Einwohner: 10,3 Mio.
Bevölkerungsdichte: 78 Einwohner pro qkm

Staatsform: Republik
Währung: Euro
Amtssprache: Griechisch
Gesprochene Sprache: Griechisch
Religion: 97 % Griechisch-Orthodoxe, 0,5 % Katholiken
Zeit: Osteuropäische Zeit (MEZ + 1 Stunde)
Nationalfeiertage: 25. März und 28. Oktober

Hauptstadt: Athenai (Athen)
Die größten Städte: Athenai (750 000 Ew., Groß-Athen 3 100 000 Ew.), Thessaloniki (Saloniki, 408 000 Ew.), Patras (158 000 Ew.), Iraklion (118 000 Ew.), Larissa (116 000 Ew.)
Längster Fluss: Aliakmon, 291 km
Höchster Berg: Olymp, 2917 m
Größter See: Limni Vegorritis, 81 qkm

Promillegrenze: 0,5

Höchstgeschwindigkeiten in Griechenland

	innerhalb v. Ortschaften	außerhalb v. Ortschaften	Schnellstraßen	Autobahnen
Pkw	50 km/h	110 km/h	120 km/h	120 km/h
Pkw mit Anhänger	50 km/h	110 km/h	120 km/h	120 km/h
Motorrad	40 km/h	70 km/h	90 km/h	90 km/h

In Ungarn gibt es keine regionalen Autonummern. Die sechstellige Kombination aus drei Buchstaben und drei Ziffern lässt keine Rückschlüsse auf die Herkunft des Fahrzeugs zu. Die Schilder sind weiß und haben eine schwarze Aufschrift. Am linken Schilderrand ist ein kleines Feld abgetrennt. Darin befindet sich das Nationalitätskennzeichen von Ungarn. Darüber ist die Landesflagge in den Farben Rot-Weiß-Grün zu sehen. Lastwagen tragen Schilder mit gelbem Untergrund.

Wissenswertes über Ungarn

Fläche: 93 030 qkm
Einwohner: 10,2 Mio.
Bevölkerungsdichte: 110 Einwohner pro qkm

Staatsform: Republik
Währung: Forint = 100 Fillér
Amtssprache: Ungarisch
Gesprochene Sprachen: Ungarisch, Roma, Deutsch, Kroatisch, Slowakisch, Rumänisch
Religion: 67 % Katholiken, 25 % Protestanten
Zeit: MEZ
Nationalfeiertage: 15. März, 20. August und 23. Oktober

Hauptstadt: Budapest
Die größten Städte: Budapest (2 000 000 Ew.), Debrecen (219 000 Ew.), Miskolc (193 000 Ew.), Szeged (180 000 Ew.)
Längster Fluss: Theiß, ungarischer Anteil 579 km, Gesamtlänge 966 km
Höchster Berg: Kékes, 1015 m
Größter See: Plattensee, 592 qkm

Promillegrenze: Alkoholverbot

Höchstgeschwindigkeiten in Ungarn

	innerhalb v. Ortschaften	außerhalb v. Ortschaften	Schnellstraßen	Autobahnen
Pkw	50 km/h	80 km/h	100 km/h	120 km/h
Pkw mit Anhänger	50 km/h	70 km/h	70 km/h	80 km/h
Motorr.	50 km/h	80 km/h	100 km/h	120 km/h

Die kroatischen Kennzeichen sind weiß, ihre Aufschrift schwarz. Oben und unten sind sie durch einen Streifen in den Nationalfarben Rot-Weiß-Blau begrenzt. Anhand der beiden Buchstaben vor dem kroatischen Nationalwappen kann man die Herkunft des Fahrzeuges identifizieren. Nach dem Wappen folgt eine Zahlen- und eine Buchstabenkombination. Sie werden durch einen Strich getrennt.

BJ *Bjelovar*
BM *Beli Manastir*
ČK *Čakovec*
DA *Daruvar*
DE *Delnice*
DJ *Djakovo*
DU *Dubrovnik*
GS *Gospič*
IM *Imotski*
KA *Karlovac*
KC *Koprivnica*
KR *Krapina*
KT *Kutina*
KŽ *Križevci*
MA *Makarska*
NA *Nasice*
NG *Nova Gradiška*
OG *Ogulin*
OS *Osijek*
PS *Podravska Slatina*
PU *Pula*
PZ *Pozega*
RI *Rijeka*
SB *Slavonski Brod*
ŠI *Šibeník*
SK *Sisak*
ST *Split*
VK *Vinkovci*
VT *Virovitica*
VU *Vukovar*
VŽ *Varaždin*
ZD *Zadar*
ZG *Zagreb*
ŽU *Županja*

Höchstgeschwindigkeiten in Kroatien

	innerhalb v. Ortschaften	außerhalb v. Ortschaften	Schnell-straßen	Autobahnen
Pkw	60 km/h	90 km/h	100 km/h	130 km/h
Pkw mit Anhänger	60 km/h	80 km/h	80 km/h	80 km/h
Motorrad	60 km/h	90 km/h	100 km/h	130 km/h

Wissenswertes über Kroatien

Fläche: 56 538 qkm
Einwohner: 4,8 Mio.
Bevölkerungsdichte: 85 Einwohner pro qkm

Staatsform: Republik
Währung: 1 Kuna = 100 Lipa
Amtssprache: Kroatisch
Gesprochene Sprachen: Kroatisch, Serbisch
Religion: 76,5 % Katholiken, 11,1 % Serbisch-Orthodoxe, 1,4 % Protestanten, 1,2 % Muslime, 2,9 % konfessionslos

Zeit: MEZ
Nationalfeiertag: 30. Mai

Hauptstadt: Zagreb
Die größten Städte: Zagreb (931 000 Ew.), Split (194 000 Ew.), Rijeka (172 000 Ew.), Osijek (107 000 Ew.), Zadar (78 000 Ew.)
Längster Fluss: Save, 562 km kroatischer Anteil, Gesamtlänge 945 km
Höchster Berg: Dinara, 1831 m

Promillegrenze: 0,5

Das italienische Autonummernsystem hat sich mit der Zeit gewandelt. Ursprünglich war das Kennzeichen schwarz, die Schrift weiß. Später änderte die Regierung das Aussehen. Die Buchstaben, die die Provinz kennzeichnen, wurden in Orange gehalten. Die folgende Zahlen-Buchstaben-Kombination war wiederum weiß. Es folgte die Umstellung auf ein weißes Schild mit schwarzer Schrift. Das System allerdings wurde beibehalten: Die ersten beiden Buchstaben des Kennzeichens stehen für die Provinz, in der das Fahrzeug gemeldet ist.

In den letzten Jahren hatte man sich jedoch entschlossen, ein völlig neues System einzuführen. Dabei konnte man nun nicht mehr erkennen, woher das Auto stammt. Die Nummern wurden für ganz Italien nach alphabetischer Reihenfolge von AA-ZZ vergeben. Viele Autofahrer trauerten dem alten System nach. Deshalb findet man vielfach Aufkleber, an denen man neben der Nationalität auch die betreffende Provinz erkennen kann.

Mit der Einführung der Eurokennzeichen hat man in Italien nun doch entschieden, das regionale System beizubehalten. Die neuen italienischen Kennzeichen haben nun am linken und rechten Rand je eine blaue Banderole. Die linke zeigt den Sternenkranz und das Nationalkennzechen I, im rechten Feld wird neben dem Erstzulassungsjahr die Provinz genannt, in der das Fahrzeug gemeldet ist. Die Nummern werden von AA bis ZZ vergeben.

Der Buchstabe hinter den Ortsnamen verweist auf die Karte Nord (S. 71) oder Karte Süd (S. 73).

AG	Agrigento; S
AL	Alessandria; N
AN	Ancona; N
AO	Aosta; N
AP	Ascoli Piceno; N
AQ	L'Aquila; N/S
AR	Arezzo; N
AT	Asti; N
AV	Avellino; S
BA	Bari; S
BG	Bergamo; N
BI	Biella; N
BL	Belluno; N
BN	Benevento; S
BO	Bologna; N
BR	Brindisi; S
BS	Brescia; N
BZ	Bolzano (Bozen); N

CA	*Cagliari; S*	**CL**	*Caltanissetta; S*
CB	*Campobasso; S*	**CN**	*Cuneo; N*
CE	*Caserta; S*	**CO**	*Como; N*
CH	*Chieti; N/S*	**CR**	*Cremona; N*

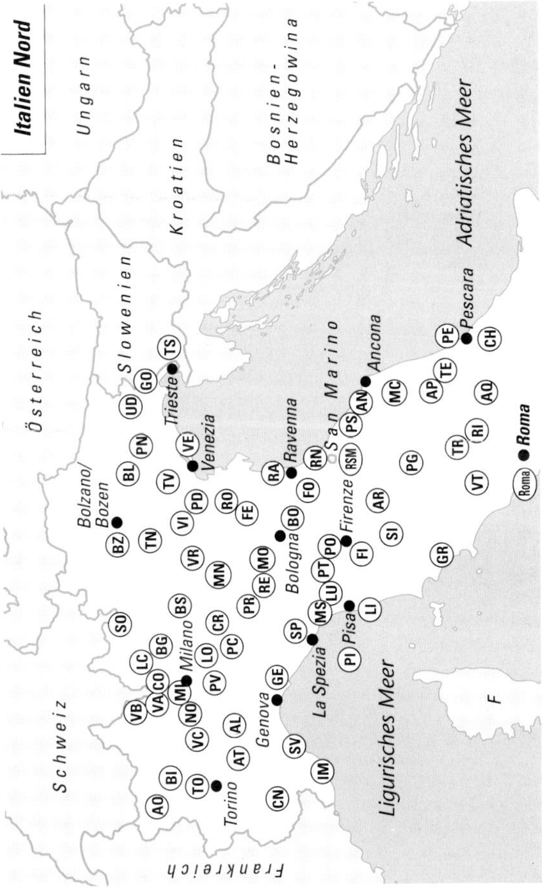

CS *Cosenza; S*
CT *Catania; S*
CZ *Catanzaro; S*

EN *Enna; S*

FE *Ferrara; N*
FG *Foggia; S*
FI *Firenze (Florenz); N*
FO *Forlì; N*
FR *Frosinone; S*

GE *Genova (Genua); N*
GO *Gorizia; N*
GR *Grosseto; N*

IM *Imperia; N*
IS *Isernia; S*

KR *Crotone; S*
LC *Lecco; N*
LE *Lecce; S*
LI *Livorno; N*
LO *Lodi; N*
LT *Latina; S*
LU *Lucca; N*

MC *Macerata; N*
ME *Messina; S*
MI *Milano (Mailand); N*
MN *Mantova; N*
MO *Modena; N*
MS *Massa; N*
MT *Matera; S*

NA *Napoli (Neapel); S*
NO *Novara; N*
NU *Nuoro; S*

OR *Oristano; S*
PA *Palermo; S*
PC *Piacenza; N*
PD *Padova; N*
PE *Pescara; N*
PG *Perugia; N*
PI *Pisa; N*
PN *Pordenone; N*
PO *Prato; N*
PR *Parma; N*
PS *Pesaro; N*
PT *Pistoia; N*
PV *Pavia; N*
PZ *Potenza; S*

RA *Ravenna; N*
RC *Reggio Calabria; S*
RE *Reggio Emilia; N*
RG *Ragusa; S*
RI *Rieti; N*
RN *Rimini; N*
RO *Rovigo; N*
ROMA *Roma (Rom); N/S*

SA *Salerno; S*
SI *Siena; N*
SO *Sondrio; N*
SP *La Spezia; N*
SR *Siracusa; S*
SS *Sassari; S*
SV *Savona; N*

TA *Taranto; S*
TE *Teramo; N*
TN *Trento (Trient); N*
TO *Torino (Turin); N*
TP *Trapani; S*
TR *Terni; N*
TS *Trieste (Triest); N*
TV *Treviso; N*

UD *Udine; N*

VA *Varese; N*
VB *Verbania; N*
VC *Vercelli; N*
VE *Venezia (Venedig); N*
VI *Vicenza; N*
VR *Verona; N*

VT *Viterbo; N*
VV *Vibo Valentia; S*

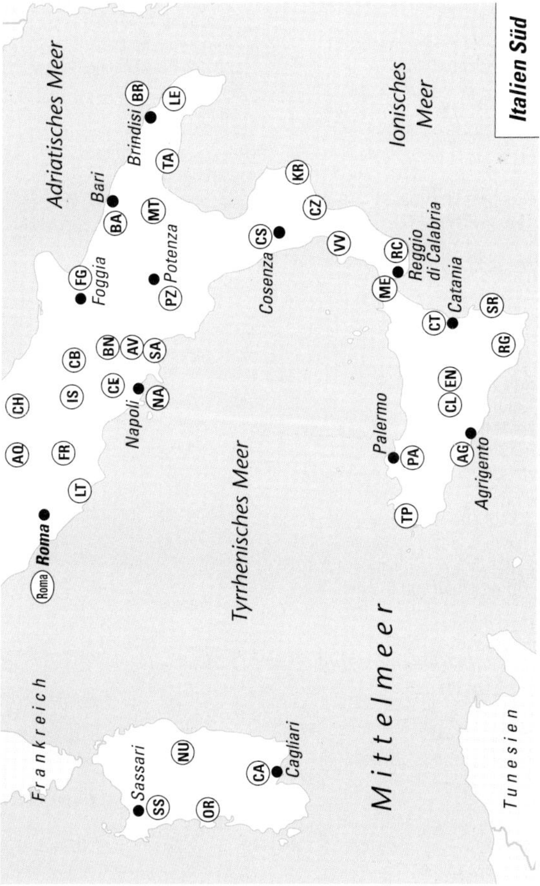

Sonderkennzeichen:

AM *Aviazione Militare (Luftwaffe)*
CFS *Corpo Forestale del Stato (Förster)*
CRI *Croce Rosso Italiano (Rotes Kreuz)*
EI *Esercito Italiano (Militär)*
GdF *Guardia di Finanza (Zoll)*
MM *Marina Militare (Marine)*
VF *Vigili del Fuoco (Feuerwehr)*

Wissenswertes über Italien

Fläche: 301 302 qkm
Einwohner: 57,2 Mio.
Bevölkerungsdichte: 190 Einwohner pro qkm

Staatsform: Republik
Währung: Euro
Amtssprachen: Italienisch, regional Deutsch, Französisch
Gesprochene Sprachen: Italienisch, Sardisch, Deutsch, Französisch, Ladinisch, Slowenisch
Religion: 84 % Katholiken
Zeit: MEZ
Nationalfeiertag: 2. Juni

Hauptstadt: Roma (Rom)
Die größten Städte:
Roma (2 800 000 Ew.),
Milano (Mailand, 1 722 000 Ew.),
Napoli (Neapel, 1 224 000 Ew.),
Torino (Turin, 1 200 000 Ew.),
Palermo (703 000 Ew.)
Längster Fluss: Po, 652 km
Höchster Berg: Montblanc, 4807 m
Größter See: Gardasee, 370 qkm
Promillegrenze: 0,8
Bekannte Automarken:
Alfa Romeo, Bugatti, De Tomaso, Ferrari, Fiat, Innocenti, Lamborghini, Lancia, Maserati

Höchstgeschwindigkeiten in Italien

	innerhalb v. Ortschaften	außerhalb v. Ortschaften	Schnellstraßen	Autobahnen
Pkw	50 km/h	90 km/h	110 km/h	130 km/h
Pkw mit Anhänger	50 km/h	70 km/h	70 km/h	80 km/h
Motorr.	50 km/h	90 km/h	110 km/h	130 km/h

Die irischen Kennzeichen bestehen aus schwarzen Buchstaben und Ziffern auf weißem Grund. Am linken Schilderrand findet man das Europasymbol mit der Bezeichnung IRL. Die ersten beiden Ziffern geben das Zulassungsjahr an (z. B.: 98 = 1998). Dann folgt zwischen zwei Bindestrichen die Abkürzung der Stadt bzw. der Grafschaft. Am Ende steht eine fünfstellige Registrierungsnummer. Die Abkürzung der Stadt bzw. Grafschaft ist aus der englischen Bezeichnung entnommen. Die gälische Bezeichnung steht im vollen Wortlaut darüber.

C	*Corcaigh*	*Cork*
CE	*An Clár*	*Clare*
CN	*An Cabhán*	*Cavan*
CW	*Ceatherlach*	*Carlow*
D	*Baile Átha Cliath*	*Dublin*
DL	*Dún Na Ngáll*	*Donegal*
G	*Gaillimh*	*Galway*
KE	*Cill Dara*	*Kildare*
KK	*Cill Cheannaigh*	*Kilkenny*
KY	*Ciarraí*	*Kerry*
L	*Luimneach*	*Limerick Stadt*
LD	*An Longhport*	*Longford*
LH	*An Lú*	*Louth*
LK	*Luimneach*	*Limerick Land*
LM	*Liatroim*	*Leitrim*
LS	*Laois (Laoighis)*	*Leix*
MH	*An Mhí*	*Meath*
MN	*Muineachán*	*Monaghan*
MO	*Maigh Eo*	*Mayo*
OY	*Uibh Fhailí*	*Offaly*

Höchstgeschwindigkeiten in Irland

	innerhalb v. Ortschaften	außerhalb v. Ortschaften	Schnellstraßen	Autobahnen
Pkw	48 km/h	96 km/h	–	112 km/h
Pkw mit Anhänger	48 km/h	80 km/h	–	80 km/h
Motorrad	48 km/h	96 km/h	–	112 km/h

RN	*Ros Comáin*	*Roscommon*	**W**	*Port Lairge*	*Waterford Stadt*
SO	*Sligeach*	*Sligo*	**WD**	*Port Lairge*	*Waterford Land*
TN	*Tiobraid Arann*	*Tipperary North Riding*	**WH**	*An Iar-Mhí*	*Westmeath*
TS	*Tiobraid Arann*	*Tipperary South Riding*	**WW**	*Cill Mhantáin*	*Wicklow*
			WX	*Loch Garman*	*Wexford*

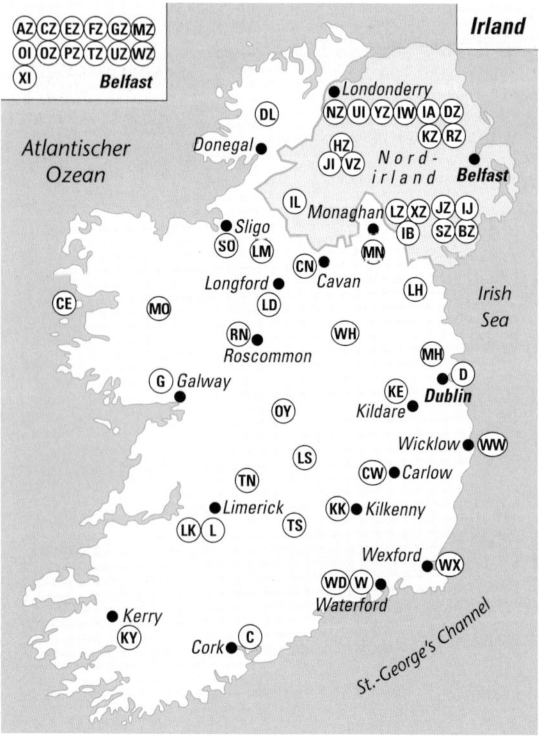

Wissenswertes über Irland

Fläche: 70 283 qkm
Einwohner: 3,5 Mio.
Bevölkerungsdichte: 50 Einwohner pro qkm

Staatsform: Republik
Währung: Euro
Amtssprachen: Irisch (Gälisch), Englisch
Gesprochene Sprachen: Irisch (Gälisch), Englisch
Religion: 87,8 % Katholiken, 3,2 % Anglikaner (Church of Ireland), 0,8 % Juden, 0,5 % Presbyterianer
Zeit: Westeuropäische Zeit (MEZ - 1 Stunde)
Nationalfeiertag: 17. März

Hauptstadt: Dublin
Die größten Städte: Dublin (480 000 Ew.), Cork (181 000 Ew.), Limerick (80 000 Ew.), Galway (49 000 Ew.), Dun Laoihaire (57 000 Ew.)
Längster Fluss: Shannon, 350 km
Höchster Berg: Carrantuohill, 1041 m
Größter See: Lough Corrib, 176 qkm

Promillegrenze: 0,8

Die isländischen Autokennzeichen bestehen aus zwei Buchstaben und drei Nummern (z. B.: BB 365) Die Kennzeichen werden fortlaufend, aufsteigend vergeben. Der Wagen behält sein Kennzeichen bis zur Stilllegung, ungeachtet eines Besitz- und Wohnwechsels.

Fahrzeuge aus Island sind auf dem Kontinent äußerst selten anzutreffen.

Wissenswertes über Island

Fläche: 103 000 qkm
Einwohner: 260 000
Bevölkerungsdichte: 3 Einwohner pro qkm

Staatsform: Republik
Währung: 1 Isländische Krone = 100 Aurar
Amtssprache: Isländisch
Gesprochene Sprache: Isländisch
Religion: 93 % Protestanten, 1 % Katholiken
Zeit: Westeuropäische Zeit (MEZ - 1 Stunde)
Nationalfeiertag: 17. Juni

Hauptstadt: Reykjavik
Die größten Städte: Reykjavik (110 000 Ew.), Kópavogur (18 000 Ew.), Hafnarfjördur (16 000 Ew.), Akureyri (15 000 Ew.), Keflavík (8000 Ew.)
Längster Fluss: Thjórsa, 230 km
Höchster Berg: Hvannadalshnjúkur, 2119 m
Größter See: Thingvallavatn, 84 qkm

Promillegrenze: 0,5

Höchstgeschwindigkeiten in Island

	innerhalb v. Ortschaften	außerhalb v. Ortschaften (nicht asphal.)	Schnellstraßen	außerhalb v. Ortschaften (asphaltiert)
Pkw	50 km/h	80 km/h	–	90 km/h
Pkw mit Anhänger	50 km/h	80 km/h	–	80 km/h
Motorrad	50 km/h	80 km/h	–	90 km/h

Luxemburg verzichtet auf die Darstellung eines nationalen Emblems zugunsten einer Europaflagge. Das Schild ist gelb und trägt schwarze Buchstaben und Zahlen. Die Herkunft ist nicht erkennbar. Die laufende Kennzeichenserie ist vier- oder fünfstellig.

Es gibt auch so genannte persönliche Kennzeichen, die nur aus Ziffern bestehen. Für bestimmte Fahrzeuge werden Sonderkennzeichen ausgegeben. Der Fuhrpark des Großherzogs hat die Nummern 1–19. Die Wagen der Regierung haben die Nummern 20–40.
Die Abgeordneten fahren mit den Kennzeichen P1–P19. Die Fahrzeuge der staatlichen Verwaltung haben die Nummern A0001–A9999.

Wissenswertes über Luxemburg

Fläche: 2586 qkm
Einwohner: 400 000 Ew.
Bevölkerungsdichte: 155 Einwohner pro qkm

Staatsform: parlamentarische Monarchie (Großfürstentum)
Währung: Euro
Amtssprachen: Französisch, Deutsch, Lëtzebuergisch
Gesprochene Sprachen: Französisch, Deutsch, Lëtzebuergisch
Religion: 91 % Katholiken
Nationalfeiertag: 23. Juni

Hauptstadt: Luxembourg (Luxemburg, 76 000 Ew.)
Längster Fluss: Sauer, 150 km luxemburgischer Anteil, Gesamtlänge 172 km
Höchster Berg: Burgplatz, 559 m

Promillegrenze: 0,8

Höchstgeschwindigkeiten in Luxemburg

	innerhalb v. Ortschaften	außerhalb v. Ortschaften	Schnellstraßen	Autobahnen
Pkw	50 km/h	90 km/h	–	120 km/h
Pkw mit Anhänger	50 km/h	75 km/h	–	90 km/h
Motorrad	50 km/h	90 km/h	–	120 km/h

Litauen orientiert sich in der Gestaltung seiner Nummernschilder am europäischen Vorbild. Das Schild beginnt links mit einem blauen Streifen. Auf ihm ist die Fahne Litauens (Gelb-Grün-Rot) und das Nationalitätskennzeichen LT zu sehen. Die sechsstellige Nummer besteht aus drei Buchstaben und drei Ziffern. Zwischen beiden befinden sich TÜV-Plakette und Dienstsiegel. Am mittleren Buchstaben kann man die Herkunft ablesen (DMG 195: M = Marijampolé)

A	Alytus
J	Jurbarkas
K	Kaunas
L	Klaipėda (Memel)
M	Marijampolė
P	Panevėžys
S	Šiauliai
T	Telšiai
U	Utena
V	Vilnius (Wilna)

Höchstgeschwindigkeiten in Litauen

	innerhalb v. Ortschaften	außerhalb v. Ortschaften	Schnellstraßen	Autobahnen
Pkw	60 km/h	90 km/h	–	110 km/h
Pkw mit Anhänger	60 km/h	70 km/h	–	70 km/h
Motorrad	60 km/h	90 km/h	–	110 km/h

Wissenswertes über Litauen

Fläche: 65 300 qkm
Einwohner: 3,8 Mio.
Bevölkerungsdichte: 58 Einwohner pro qkm

Staatsform: Republik
Währung: 1 Litas = 100 Centas
Amtssprache: Litauisch
Gesprochene Sprachen: Litauisch, Russisch, Polnisch, Weißrussisch
Religion: 71 % Katholiken
Zeit: Osteuropäische Zeit (MEZ + 1 Stunde)
Nationalfeiertag: 16. Februar

Hauptstadt: Vilnius
Die größten Städte: Vilnius (593 000 Ew.), Kaunas (Kovno, 441 000 Ew.), Klaipeda (Memel, 212 000 Ew.)
Längster Fluss: Memel, 500 km litauischer Anteil, Gesamtlänge 937 km
Höchster Berg: Juozapines, 294 m
Größter See: Drukšiusee

Promillegrenze: Alkoholverbot

Die lettischen Autokennzeichen erkennt man an den Landesfarben Rot-Weiß-Rot in der linken oberen Ecke des Schildes. Darunter befindet sich das Nationalkennzeichen LV. Die schwarze Buchstaben- Zahlen-Kombination auf weißem Grund gibt keinen Aufschluss über die Herkunft des Wagens.

Wissenswertes über Lettland

Fläche: 64 589 qkm
Einwohner: 2,5 Mio.
Bevölkerungsdichte: 38 Einwohner pro qkm

Staatsform: Republik
Währung: 1 Lats = 100 Santims
Amtssprache: Lettisch
Gesprochene Sprachen: Lettisch, Russisch
Religion: 55 % Protestanten, 24 % Katholiken, 9 % Russisch-Orthodoxe
Zeit: Osteuropäische Zeit (MEZ + 1 Stunde)
Nationalfeiertag: 18. November

Hauptstadt: Riga
Die größten Städte: Riga (816 000 Ew.), Daugavpils (Dünaburg, 117 000 Ew.), Liepája (Libau, 97 000 Ew.)
Längster Fluss: Daugava, 357 km
Höchster Berg: Gaizina kalns, 311 m
Größter See: Lubans

Promillegrenze: 0,5

Höchstgeschwindigkeiten in Lettland

	innerhalb v. Ortschaften	außerhalb v. Ortschaften	Schnellstraßen	Autobahnen
Pkw	50 km/h	90 km/h	–	110 km/h
Pkw mit Anhänger	50 km/h	80 km/h	–	90 km/h
Motorrad	50 km/h	90 km/h	–	110 km/h

Die maltesischen Autokennzeichen sind nach europäischem Muster aufgebaut, obwohl Malta nicht Mitglied der Europäischen Union ist. Die Nummernschilder bestehen aus drei Buchstaben, gefolgt von ebenso vielen Ziffern. Die Kennzeichen werden jeweils für ein Jahr vergeben. Am ersten Buchstaben kann man den Monat ablesen, in dem die Zulassung abläuft.

Für bestimmte Personenkreise, wie zum Beispiel Taxis, Diplomaten- oder Regierungsfahrzeuge, werden spezielle Buchstabenkombinationen vergeben. Daneben gibt es – gegen eine zu entrichtende zusätzliche Gebühr – personalisierte Nummernschilder.

Wissenswertes über Malta

Fläche: *316 qkm*
Einwohner: *373 000*
Bevölkerungsdichte: *1180 Einwohner pro qkm*

Staatsform: *Republik*
Währung: *1 Maltesische Lira = 100 Cents = 1000 Mils*
Amtssprachen: *Maltesisch, Englisch*
Gesprochene Sprachen: *Maltesisch, Englisch, Italienisch*
Religion: *97 % Katholiken, protestantische Minderheit*
Zeit: *MEZ*
Nationalfeiertag: *21. September*

Hauptstadt: *Valletta*
Die größten Städte: *Birkirkara (22 000 Ew.), Qormi (20 000 Ew.), Mosta (16 000 Ew.), Sliema (14 000 Ew.), Valletta (10 000 Ew.),*
Längster Fluss: *Wied il-Ghasel, 14 km*
Höchster Berg: *Nadur, 253 m*

Promillegrenze: *absolutes Alkoholverbot*

Höchstgeschwindigkeiten auf Malta

	innerhalb v. Ortschaften	außerhalb v. Ortschaften	Schnellstraßen	Autobahnen
Pkw	40 km/h	64 km/h	–	–
Pkw mit Anhänger	40 km/h	64 km/h	–	–
Motorrad	40 km/h	64 km/h	–	–

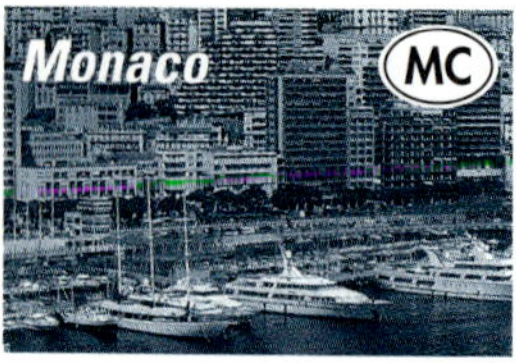

Gut zu erkennen sind monegassische Kennzeichen an ihrer blauen Schrift auf weißem Grund. Nur die Saisonkennzeichen haben eine rote Aufschrift. Sie tragen das Zeichen TT (Transit temporaire), gefolgt von einer zweistelligen Nummer. Die normale Serie für Autos besteht entweder aus einer vierstelligen Ziffernkombination oder aus einem Buchstaben und drei Zahlen. Für Motorräder werden die Kombinationen AA01–ZZ99 vergeben.

Das monegassische Fürstenhaus hat eigene Kennzeichen. Sie bestehen aus den beiden Buchstaben MC und einer Zahl von 01–99.

Wissenswertes über Monaco

Fläche: 1,95 qkm
Einwohner: 30 000
Bevölkerungsdichte: 15 400 Einwohner pro qkm

Staatsform: parlamentarische Monarchie (Fürstentum)
Währung: 1 Französischer Franc = 100 Centimes
Amtssprache: Französisch
Gesprochene Sprachen: Französisch, Monegassisch, Italienisch
Religion: 89 % Katholiken, 6 % Protestanten, orthodoxe und jüdische Minderheiten
Zeit: MEZ
Nationalfeiertag: 19. November

Hauptstadt: Monaco-Ville
Höchster Berg: 163 m

Promillegrenze: 0,5

Höchstgeschwindigkeiten in Monaco

	innerhalb v. Ortschaften	außerhalb v. Ortschaften	Schnellstraßen	Autobahnen
Pkw	50 km/h	90 km/h	110 km/h	–
Pkw mit Anhänger	50 km/h	80 km/h	80 km/h	–
Motorrad	50 km/h	90 km/h	110 km/h	–

Die moldawischen Kennzeichen sind weiß und haben eine schwarze Aufschrift. Am linken Schilderrand ist ein Feld abgetrennt, in dem das Staatswappen und das Nationalitätskennzeichen MD zu sehen sind. Die ersten beiden Lettern der folgenden sechsstelligen Buchstaben-Ziffern-Kombination geben den Verwaltungsbezirk an, in dem der Wagen gemeldet ist. Für die Hauptstadt Chisinau (Kishinow) gilt nur der erste Buchstabe, ein C.

Des Weiteren gibt es für bestimmte Personenkreise eigene Kennzeichen. Ausländische Pendler beispielsweise tragen folgende Schilder: Hinter einem normal großen Buchstaben kommt ein Bindestrich. Danach erscheint ein tiefer gesetzter Großbuchstabe, eine Nummer und nochmals ein tief gesetzter Buchstabe (z. B.: T-$_{T}$ 010 $_{A}$). Ausländer und Staatenlose haben eine Monats- und Jahresangabe am rechten Schilderrand.

Während bei den Kennzeichen für PKW die drei Buchstaben am Anfang stehen, kommt bei Anhängern erst die dreistellige Zahl.

AN	*Kreis Anenii*
BE	*Stadt Bendery*
BL	*Stadt Belcy*
BR	*Kreis Bričany*
BS	*Kreis Bessarabka*
C	*Stadt Chişinău (Kishinow)*
CC	*Kreis Kamenka*
CG	*Kreis Tshadyr-Lunga*
CH	*Kreis Kachul*
CL	*Kreis Kelarash*
CM	*Kreis Tshimishlia*
CN	*Kreis Keinar*
CO	*Kreis Komrat*
CR	*Kreis Kriulen*
CS	*Kreis Kaushany*
CT	*Kreis Kantenir*
DB	*Kreis Dubessar*
DN	*Kreis Dondushen*
DR	*Kreis Drokia*
ED	*Kreis Jedinez*
FL	*Kreis Felesht*
FR	*Kreis Floresht*
GL	*Kreis Gloden*
GR	*Kreis Grigoriopol*
HN	*Kreis Hynčest*
IL	*Kreis Jalowen*

LV	Kreis Leowo
NS	Kreis Nisporem
OC	Kreis Okniza
OR	Kreis Orcjei
RB	Kreis Rybnica
RS	Kreis Ryshkany
RZ	Kreis Resina
SD	Kreis Sholdanesht
SL	Kreis Slobosia
SG	Kreis Syntsherei
SR	Kreis Soroki
ST	Kreis Streshen
SV	Kreis Stephan-Wode
TL	Kreis Telenesht
TR	Kreis Taraklia
TS	Stadt Tiraspol
UN	Kreis Ungen
VL	Kreis Bulkenesh

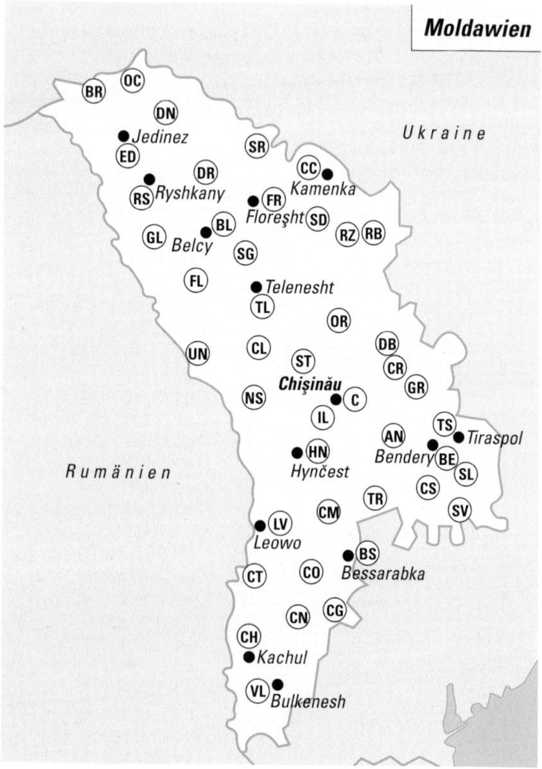

Wissenswertes über Moldawien

Fläche: *33 700 qkm*
Einwohner: *4,6 Mio.*
Bevölkerungsdichte: *136 Einwohner pro qkm*

Staatsform: *Republik*
Währung: *1 Leu (Mehrzahl Lei) = 100 Bani*
Amtssprache: *Moldawisch*
Gesprochene Sprachen: *Moldawisch, Russisch*
Religion: *65 % Rumänisch-Orthodoxe, russisch-orthodoxe Minderheit*
Zeit: *Osteuropäische Zeit (MEZ + 1 Stunde)*
Nationalfeiertag: *27. August*

Hauptstadt: *Chişinău (Kischinau)*
Die größten Städte:
Chişinău (705 000 Ew.), Tiraspol (193 000 Ew.), Balti (Belcy, 171 000 Ew.), Bendery (147 000 Ew.)
Längster Fluss: *Dnjestr, 600 km moldawischer Anteil, Gesamtlänge 1352 km*
Höchster Berg: *Balanesti, 429 m*
Größter See: *Stinca Cotesti*

Promillegrenze: *absolutes Alkoholverbot*

Höchstgeschwindigkeiten in Moldawien

	innerhalb v. Ortschaften	außerhalb v. Ortschaften	Schnellstraßen	Autobahnen
Pkw	60 km/h	90 km/h	–	110 km/h
Pkw mit Anhänger	50 km/h	80 km/h	–	90 km/h
Motorrad	60 km/h	90 km/h	–	110 km/h

Die mazedonischen Kennzeichen sind weiß und haben eine schwarze Aufschrift. Oben und unten ist das Nummernschild durch eine rote Linie eingerahmt. Das Kennzeichen selbst besteht aus zwei Buchstaben, die das Registrierungsgebiet des Fahrzeuges angeben, einer dreistelligen Registernummer und zwei Buchstaben. Zwischen den Kennbuchstaben des Registrierungsgebietes und der Registernummer befindet sich ein rotes rechteckiges Schildchen. In ihm sind die Erkennungsbuchstaben und die beiden anderen Lettern in kyrillischer Schrift zu sehen.

BT *Bitola*
GV *Gostivar*
KU *Kumanovo*
OH *Ohrid*
PP *Prilep*
SK *Skopje*
SR *Strumica*
ŠT *Štip*
TE *Tetovo*
TV *Titov Veles*

Höchstgeschwindigkeiten in Mazedonien

	innerhalb v. Ortschaften	außerhalb v. Ortschaften	Schnellstraßen	Autobahnen
Pkw	50/60 km/h	80 km/h	100 km/h	120 km/h
Pkw mit Anhänger	50/60 km/h	80 km/h	80 km/h	80 km/h
Motorrad	50/60 km/h	80 km/h	100 km/h	120 km/h

Wissenswertes über Mazedonien

Fläche: *25 713 qkm*
Einwohner: *2,2 Mio.*
Bevölkerungsdichte: *86 Einwohner pro qkm*

Staatsform: *Republik*
Währung: *1 Makedonischer Denar = 100 Deni*
Amtssprache: *Makedonisch*
Gesprochene Sprachen: *Makedonisch, Albanisch, Türkisch*
Religion: *64 % Serbisch-Orthodoxe, muslimische Minderheit*
Zeit: *MEZ*
Nationalfeiertag: *26. Juni*

Hauptstadt: *Skopje*
Die größten Städte: *Skopje (560 000 Ew.), Tetovo (181 000 Ew.), Bitola (147 000 Ew.), Kumanovo (134 000 Ew.), Gostivar (107 000 Ew.)*
Längster Fluss: *Vardar, 300 km makedonischer Anteil, Gesamtlänge 420 km*
Höchster Berg: *Korab, 2764 m*
Größter See: *Ohridsee, 247 qkm makedonischer Anteil, Gesamtfläche 367 qkm*

Promillegrenze: *0,5*

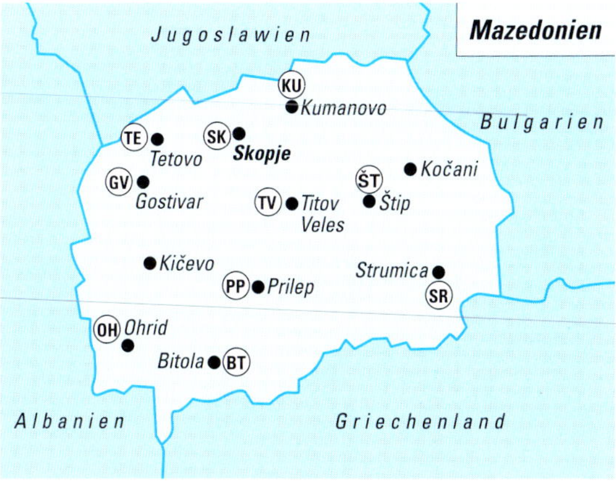

Die norwegischen Autoschilder haben schwarze Buchstaben und Ziffern auf weißem Grund. Aus der Buchstabenkombination kann man erkennen, in welchem Distrikt das Fahrzeug gemeldet ist.

Der Buchstabe hinter den Ortsnamen verweist auf die Karte Süd (S. 91) oder Karte Nord (S. 92).

AA-AC	*Halden; N*
AD-AH	*Fredrikstad; N*
AJ-AP	*Mysen; N*
AR-AV	*Fredrikstad; N*
AX-AZ	*Moss; N*
BB	*Moss; N*
BC-BK	*Drøbak; N*
BL-CB	*Sandvika; S*
CC-CZ	*Lillestrøm; N*
DA-FE	*Oslo; N/S*
FK	*Storslett; N*
FL	*Tromsø (mit Svalbard); N*
FN	*Moss; N*
FP	*Trondheim; S*
FR	*Vadsø; N*
FS-HA	*Hamar; S*
HB-HE	*Elverum; S*
HF-HH	*Tynset; S*
HJ-HR	*Kongsvinger; S*
HS-HY	*Lillehammer; S*
HZ-JB	*Otta; S*
JC-JP	*Gjøvik; S*
JR-JT	*Fagernes; S*
JU-KA	*Hønefoss; N*
KB-KD	*Gol; S*
KE-KS	*Drammen; N*
KT-KY	*Kongsberg; N*
KZ-LF	*Horten; N*
LH-LR	*Tønsberg; N*
LS-NC	*Larvik; N*
LY	*Sandefjord; S*
ND-NU	*Skien; N*
NV-NZ	*Notodden; N*
PA-PB	*Rjukan; S*
PC-PL	*Arendal; S*
PN-PV	*Kristiansand; S*
PX-RD	*Mandal; S*
RA-RB	*Flekkefjord; S*
RE-RY	*Stavanger; S*
RZ-SB	*Egersund; S*
SC-SL	*Haugesund; S*

Höchstgeschwindigkeiten in Norwegen

	innerhalb v. Ortschaften	außerhalb v. Ortschaften	Schnell-straßen	Autobahnen
Pkw	50 km/h	80 km/h	–	90 km/h
Pkw mit Anhänger	50 km/h	60/80 km/h	–	60/80 km/h
Motorrad	50 km/h	80 km/h	–	90 km/h

SN-TE	*Bergen; S*
TF-TK	*Voss; S*
TL-TR	*Stord; S*
TS-TU	*Odda; S*
TV-TZ	*Førde; S*
UA-UB	*Nordfjordeid; S*
UC-UD	*Sogndal; S*
UE-UL	*Ålesund; S*
UN-UP	*Ørsta; S*
UR-UV	*Molde; S*
UX-VA	*Kristiansund; S*
VB-VC	*Sunndalsøra; S*
VD-VR	*Trondheim; S*
VS-VV	*Støren; S*
VX-VZ	*Orkanger; S*
XA-XC	*Brekstad; S*
XD-XJ	*Steinkjer; S*
XK-XJ	*Levanger; S*
XN-XP	*Stjørdal; S*
XR-XU	*Namsos; N/S*
XV-XZ	*Mosjøen; N*
YA-YD	*Mo i Rana; N*
YE-YJ	*Bodø; N*
YN-YS	*Narvik; N*
YT-YY	*Svolvær; N*
YU-YX	*Sortland; N*
YZ-ZD	*Harstad; N*
ZE-ZN	*Tromsø, inkl. Svalbard; N*
ZF-ZJ	*Finnsnes; N*
ZP-ZR	*Vadsø; N*
ZS	*Kirkenes; N*
ZT-ZV	*Alta; N*
ZX	*Hammerfest; N*
ZZ	*Lakselv; N*

Wissenswertes über Norwegen

Fläche: 323 878 qkm (ohne Spitzbergen)
Einwohner: 4,3 Mio.
Bevölkerungsdichte: 13 Einwohner pro qkm

Staatsform: parlamentarische Monarchie (Königreich)
Währung: 1 Norwegische Krone = 100 Øre
Amtssprache: Norwegisch
Gesprochene Sprachen: Norwegisch, Lappisch
Religion: 89 % Protestanten, 0,8 % Katholiken, 0,5 % Muslime

Zeit: MEZ
Nationalfeiertag: 17. Mai

Hauptstadt: Oslo
Die größten Städte: Oslo (470 000 Ew.), Bergen (220 000 Ew.), Trondheim (142 000 Ew.), Stavanger (101 000 Ew.), Bærum (93 000 Ew.)
Längster Fluss: Glåma, 598 km
Höchster Berg: Glittertind, 2470 m
Größter See: Mjøsa, 366 qkm

Promillegrenze: 0,5

Die niederländische Schilder sind gelb und ohne Umrandung. Ihre Aufschrift ist schwarz. Seit Ende 1997 wurden auch in den Niederlanden die Europakennzeichen eingeführt. Sie haben am linken Rand das blaue Europaband mit dem Sternenkreis und das Nationalitätskennzeichen NL. Die Autonummer besteht aus sechs Buchstaben und Ziffern, jeweils paarweise durch Bindestrich getrennt. Man kann allerdings nicht erkennen, woher das Fahrzeug kommt. Die Stellung der Buchstaben und Zahlen gibt allenfalls Auskunft über das Datum der Zulassung.

Code 1:
Buchstaben vor den Zahlen (z. B.: AB-12-13): ca. 1952 bis 1988

Code 2:
Buchstaben nach den Zahlen (z. B.: 12-34-AB): ca. 1965 bis 1984

Code 3:
Buchstaben zwischen den Zahlen (z. B.: 12-AB-34): ca. 1973 bis 1988

Code 4:
Ziffern zwischen den Buchstaben (z. B.: BB-01-BB): ca. 1979 bis 1996

Code 5:
Zahlen nach den Buchstaben (z. B.: DB-BB-01): ca. 1991 bis 1999

Code 6:
Zahlen vor den Buchstaben (z. B.: 01-BB-DB): seit ca. 1999

Wissenswertes über die Niederlande

Fläche: 41 864 qkm
Einwohner: 15,6 Mio.
Bevölkerungsdichte: 373 Einwohner pro qkm

Staatsform: parlamentarische Monarchie (Königreich)
Währung: Euro
Amtssprachen: Niederländisch, regional Friesisch
Gesprochene Sprachen: Niederländisch, Friesisch
Religion: 42 % Katholiken, 37 % Protestanten, 2,2 % Muslime, 2 % Juden
Zeit: MEZ
Nationalfeiertag: 30. April

Hauptstadt: Amsterdam
Die größten Städte: Amsterdam (720 000 Ew.), Den Haag (458 000 Ew.), Rotterdam (607 000 Ew.), Utrecht (239 000 Ew.), Eindhoven (200 000 Ew.)
Längster Fluss: Maas, 350 km niederländischer Anteil, Gesamtlänge 933 km
Höchster Berg: Vaalserberg, 321 m

Promillegrenze: 0,5

Höchstgeschwindigkeiten in den Niederlanden

	innerhalb v. Ortschaften	außerhalb v. Ortschaften	Schnellstraßen	Autobahnen
Pkw	50 km/h	80 km/h	100 km/h	120 km/h
Pkw mit Anhänger	50 km/h	80 km/h	80 km/h	80 km/h
Motorrad	50 km/h	80 km/h	100 km/h	120 km/h

In Portugal gibt es keine Möglichkeit, die Herkunft der Fahrzeuge an ihrem Nummernschild zu erkennen. Früher wurden die Nummern nach dem Muster AA-00-00 bis ZZ-99-99 zugeteilt.

Nachdem diese Zeichen alle vergeben waren, stehen seit 1992 die Zahlen vor den Buchstaben. Allerdings sind die Schilder jetzt weiß, die Aufschrift schwarz. Am linken Rand befindet sich das blaue Europaband mit Sternenkreis und dem Buchstaben P für Portugal. Inzwischen wurde das Kennzeichen um ein gelbes Feld am rechten Rand mit Erstzulassungsjahr und -monat erweitert. Abweichend wird die Kennzeichnung der Lastwagen gehandhabt. Hier findet man die Kombination aus einem Buchstaben und einer ein- bis sechsstelligen Zahl.

Wissenswertes über Portugal

Fläche: 92 389 qkm
Einwohner: 9,8 Mio.
Bevölkerungsdichte: 106 Einwohner pro qkm
Staatsform: Republik
Währung: Euro
Amtssprache: Portugiesisch
Zeit: MEZ -1 Stunde
Nationalfeiertage: 10. Juni und 5. Oktober
Hauptstadt: Lisboa (Lissabon)
Die größten Städte: Groß-Lissabon (2 300 000 Ew.), Porto (353 000 Ew.)
Längster Fluss: Douro
Höchster Berg: Malhão da Estrela, 1991 m
Promillegrenze: 0,5

Höchstgeschwindigkeiten in Portugal

	innerhalb v. Ortschaften	außerhalb v. Ortschaften	Schnellstraßen	Autobahnen
Pkw	50 km/h	90 km/h	–	120 km/h
Pkw mit Anhänger	50 km/h	70/80 km/h	–	100 km/h
Motorrad	50 km/h	90 km/h	–	120 km/h

Mitte 2000 hat Polen ein neues Kennzeichensystem eingeführt. Die jetzt weißen Kennzeichen mit schwarzer Schrift tragen am linken Rand eine blaue Banderole mit der Landesflagge und dem Nationalkennzeichen PL.

Die polnischen Nummernschilder bestehen aus zwei (Kreisfreie Städte) oder drei (Kreise) Buchstaben, an denen man die Herkunft des Fahrzeuges erkennen kann. Der erste Buchstabe kennzeichnet dabei immer den Bezirk, in dem das Auto gemeldet ist. Nach einer weiß-silbernen Zulassungplakette folgt ein Buchstabe und eine Zahl. Es gibt auch Kennzeichen, die keinen weiteren Buchstaben vor der Zahl haben.

BAU *Augustów*
BBI *Bielsk Podlaski*
BGR *Grajewo*
BHA *Hajnówka*
BI *Białystok – Stadt*
BIA *Białystok – Kreis*
BKL *Kolno*
BL *Łomża – Stadt*
BLM *Łomża – Kreis*
BMN *Monki*
BS *Suwałki – Stadt*
BSE *Sejny*
BSI *Siemiatycze*
BSK *Sokólka*
BSU *Suwałki – Kreis*
BWM *Wysokomazowieckie*
BZA *Zambrów*
CAL *Aleksandrów Kujawski*
CB *Bydgoscz – Stadt*
CBR *Brodnica*
CBY *Bydgoscz – Kreis*
CCH *Chełmno*
CG *Grudiądz – Stadt*
CGD *Golub Dobryzn*
CGR *Grudiądz – Kreis*
CIN *Inowroclaw*
CLI *Lipno*
CMG *Mogilno*
CNA *Naklo nad Noteca*
CRA *Radziejów*
CRY *Rypin*
CSE *Sępolno*
CSW *Swiecie*
CT *Torun – Stadt (Thorn)*
CTR *Torun – Kreis*
CTU *Tuchola*
CW *Włoclawek – Stadt*
CWA *Wąbrzezno*
CWL *Włoclawek – Kreis*
CZN *Żnin*
DB *Wałbrych – Stadt (Waldenburg)*
DBA *Wałbrych – Kreis*
DBL *Bolesławiec*
DDZ *Dżierżoniów*
DGL *Głogow*
DGR *Góra*
DJ *Jelenia Góra – Stadt*
DJA *Jawor*

DJE Jelenia Góra – Kreis
DKA Kamienna Góra
DKL Kłodzko
DL Legnica – Stadt (Liegnitz)
DLB Luban
DLE Legnica – Kreis
DLU Lubin
DLW Lwówek Slaski
DMI Milicz
DOA Oława
DOL Oleínica
DPL Polkowice
DSR Sroda Slaska
DST Strzelin
DSW Swidnica
DTR Trzebnica
DW Wrocław – Stadt
DWL Wolow
DWR Wrocław – Kreis
DZA Ząbkowice Slaskie
DZG Zgorzelec
DZL Złotoryja
EBE Bełchatow
EKU Kutno
EL Łódz – Stadt
ELA Łask
ELC Łowicz
ELE Łęczyca
ELW Łódz – Kreis
EOP Opoczno
EP Piotrków Trybunalski -Stadt
EPA Pabianice
EPD Poddębice
EPI Piotrkow Trybunalski-Kreis
EPJ Pajęczno
ERA Radomsko
ERW Rawa Mazowiecka
ES Skierniewice-Stadt

ESI *Sieradz*
ESK *Skierniewice-Kreis*
ETM *Tomaszów Mazowiecki*
EWE *Wieruszow*
EWI *Wielun*
EZD *Zduńska Wola*
EZG *Zgierz*
FG *Gorzów-Stadt (Landsberg/ Warthe)*
FGW *Gorzów-Kreis*
FKR *Kroíno*
FMI *Międzyrzecz*
FNW *Nowa Sól*
FSD *Strzelecko-Drezdenko*
FSL *Słubice*
FSU *Sulęcin*
FSW *Swiebodzin*
FZ *Zielona Góra-Stadt (Grünberg)*
FZA *Żary*
FZG *Żagan*
FZI *Zielona Góra-Kreis*
GA *Gdynia*
GBY *Bytów*
GCH *Chjnice*
GCZ *Człuchow*
GD *Gdańsk-Stadt (Danzig)*
GDA *Gdańsk-Kreis*
GKA *Kartuzy*
GKS *Koícierzyna*
GKW *Kwidzyn*
GLE *Lębork*
GMB *Malbork*
GND *Nowy Dwór*
GPU *Puck*
GS *Słupsk-Stadt*
GSL *Słupsk-Kreis*
GSP *Sopot*
GST *Starogard*
GTC *Tczew*
GWE *Wejherowo*
KBC *Bochnia*
KBR *Brzesko*
KCH *Chrzanów*
KDA *Dąbrowa Tarnówska*
KGR *Gorlice*
KLI *Limanowa*
KMI *Miechów*
KMY *Myílenice*
KN *Nowy Sącz-Stadt*
KNS *Nowy Sącz-Kreis*
KNT *Nowy Targ*
KOL *Olkusz*
KOS *Oíwięcim*
KPR *Proszowice*
KR *Kraków-Stadt (Krakau)*
KRA *Kraków-Kreis (Krakau)*
KSU *Sucha Beskidska*
KT *Tarnów-Stadt*
KTT *Tatry*
KTA *Tarnów-Kreis*
KWA *Wadowice*
KWI *Wieliczka*
LB *Biała Podlaska-Stadt*
LBI *Biała Podlaska-Kreis*
LBL *Biłgoraj*
LC *Chełm-Stadt*
LCH *Chełm-Kreis*
LHR *Hrubiezow*
LJA *Janow Lubelski*
LKR *Kraínik*
LKS *Krasnystaw*
LLB *Lubartow*
LLE *Łęzna*
LLU *Łukow*
LOP *Opole Lubelski*
LPA *Parczew*
LPU *Puławy*
LRA *Radzyn Podlaski*
LRY *Ryki*
LSW *Swidnik*
LTM *Tonaszow Lubelski*
LU *Lublin-Stadt*
LUB *Lublin-Kreis*
LWL *Włodwana*
LZ *Zamość-Stadt*
LZA *Zamość-Kreis*
NBA *Bartoszyce*

NBR *Braniewo*
NDZ *Działdowo*
NE *Elbląg-Stadt*
NEB *Elbląg-Kreis*
NEL *Ełk*
NGI *Giżycko*
NIL *Iława*
NKE *Kętrzyn*
NLI *Lidzbark Warminski*
NMR *Mrągowo*
NNI *Nidzica*
NNM *Nowe Miasto*
NO *Olsztyn-Stadt*
NOG *Olecko-Gołdap*
NOL *Olsztyn-Kreis*
NOS *Ostróda*
NPI *Pisz*
NSZ *Szczytno*
OB *Brzeg-Stadt*
OGL *Głubczyce*
OK *Kędzierzyn-Kozle*
OKL *Kluczbork*
OKR *Krapkowice*
ONA *Namysłow*
ONY *Nysa*
OOL *Olkusz*
OP *Opole-Stadt*
OPO *Opole-Kreis*
OPR *Prudnik*
OST *Strzelce Opolski*
PCH *Chodziez*
PCT *Czarnkow-Trzcianka*
PGN *Gniezno*
PGO *Grodzisk Wielkopolski*
PGS *Gostyn*
PJA *Jarocin*
PK *Kalisz-Stadt*
PKA *Kalisz-Kreis*
PKE *Kępno*
PKL *Kolo*
PKN *Konin-Kreis*
PKO *Konin-Stadt*
PKR *Krotoszyn*
PKS *Koícian*
PL *Leszno-Stadt*
PLE *Leszno-Kreis*
PMI *Międzychod*
PNT *Nowy Tomysl*
PO *Poznan-Stadt (Posen)*
POB *Oborniki*
POS *Ostrow Wielkopolski*
POT *Ostrzezow*
POZ *Poznań-Kreis*
PP *Pila*
PPL *Pleszew*
PRA *Rawicz*
PSE *Srem*
PSL *Słupca*
PSR *Sroda Wielkopolski*
PSZ *Szamotuly*
PTU *Turek*
PWA *Węgrowiec*
PWL *Wolsztyn*
PWR *Wrzesnia*
PZL *Złotow*
RBI *Bieszczady*
RBR *Brzozow*
RDE *Dębica*
RJA *Jarosław*
RJS *Jaslo*
RK *Krosno-Stadt*
RKL *Kolbuszowa*
RKR *Krosno-Kreis*
RLA *Łancut*
RLE *Leżajsk*
RLU *Lubaczow*
RMI *Mielec*
RNI *Nisko*
RP *Przemysl-Stadt*
RPR *Przemysl-Kreis*
RPZ *Przeworsk*
RRS *Ropczce-Sędziszow*
RSA *Sanok*
RSR *Strzyżow*
RST *Stalowa-Wola*
RT *Tarnobrzeg-Stadt*
RTA *Tarnobrzeg-Kreis*
RZ *Rzeszów-Stadt*

RZE *Rzeszów-Kreis*
SB *Bielsko-Biała-Stadt*
SBE *Będzin*
SBI *Bielsko-Biała-Kreis*
SC *Częstochowa-Stadt*
SCI *Cieszyn*
SCZ *Częstochowa-Kreis*
SD *Dąbrowa Górnicza*
SG *Gliwice-Stadt*
SGL *Gliwice-Kreis*
SH *Chorzów*
SI *Siemianowice Sląskie*
SJ *Jaworzno*
SJZ *Jastrzębie Zdrój*
SK *Katowice*
SKL *Kłobuck*
SLU *Lubliniec*
SM *Mysłowice*
SMI *Mikołow*
SMY *Myszkow*
SO *Sosnowiec*
SPI *Piekary Sląskie*
SPS *Pszczyna (Pless)*
SR *Rybnik-Stadt*
SRB *Rybnik-Kreis*
SRC *Raciborz*
SRS *Ruda Sląskie*
ST *Tychy-Stadt*
STA *Tarnowskie Góry*
STY *Tychy-Kreis*
SW *Swiętochołowice*
SWD *Wodzisław*
SY *Bytom*
SZ *Zabrze*
SZA *Zawiercie*
SZO *Żory*
SZY *Żywiec*
TBU *Busko Zdroj*
TJE *Jędrzejow*
TK *Kielce-Stadt*
TKA *Kaziminierza Wielka*
TKI *Kielce-Kreis*
TKN *Konskie*
TLW *Wloszczowa*
TOP *Opatow*
TOS *Ostrowiec Swietokrzyski*
TPI *Pińczow*
TSA *Sandomierz*
TSK *Skarżysko-Kamienna*
TST *Starachwice*
TSZ *Staszow*
WA *Warszawa (Warschau)*
WRA *Radom-Kreis*
WB *Warszawa (Warschau)*
WBR *Białobrzegi*
WCI *Ciechanow*
WD *Warszawa (Warschau)*
WE *Warszawa (Warschau)*
WF *Warszawa (Warschau)*
WG *Garwolin*
WGM *Grodzisk Mazowiecki*
WGR *Grójec*
WGS *Gostynin*
WH *Warszawa (Warschau)*
WI *Warszawa (Warschau)*
WJ *Warszawa (Warschau)*
WK *Warszawa (Warschau)*
WKZ *Kozienice*
WL *Legionowo*
WLI *Lipsko*
WLS *Łosice*
WM *Mińsk Mazowiecki*
WMA *Makow Mazowiecki*
WML *Mława*
WN *Warszawa (Warschau)*
WND *Nowy Dwor*
WO *Ostrołęka – Stadt*
WOR *Ostrow Mazowiecki*
WOS *Ostrołęka-Kreis*
WOT *Otwock*
WP *Płock-Stadt*
WPI *Piaseczno*
WPL *Płock-Kreis*
WPN *Płonsk*
WPR *Pruszkow*
WPU *Pułtusk*
WPY *Przysucha*
WPZ *Przasnysz*

WR Radom-Stadt
WS Siedlce-Stadt
WSC Sochaczew
WSE Sierpc
WSI Siedlce-Kreis
WSK Sokołow Podlaski
WSZ Szydlowiec
WT Warszawa (Warschau)
WU Warszawa (Warschau)
WW Warszawa (Warschau)
WWE Węgrow
WWL Wołomin
WWY Wyszkow
WX Warszawa (Warschau)
WY Warszawa (Warschau)
WZ Warszawa (Warschau)
WZU Żuromin
WZW Zwilen
WZY Żyrardow
ZBI Białogard
ZCH Choszczno
ZDR Drawsko
ZGL Goleniow
ZGR Gryfino
ZGY Gryfice
ZK Koszalin-Stadt
ZKA Kamien
ZKL Kołobrzeg
ZKO Koszalin-Kreis
ZMY Myíliborz
ZPL Police
ZPY Pyrzyce
ZS Szczecin (Stettin)
ZSD Swidwin
ZSL Sławno
ZST Stargard Szczecinski
ZSW Swinioujície
ZSZ Szczecinek
ZWA Wałcz

Wissenswertes über Polen

Fläche: 312 685 qkm
Einwohner: 39,0 Mio.
Bevölkerungsdichte: 125 Einwohner pro qkm
Staatsform: Republik
Währung: 1 Zloty = 100 Groszy
Amtssprache: Polnisch
Religion: 97 % Katholiken
Zeit: MEZ
Nationalfeiertage: 3. Mai und 11. November
Hauptstadt: Warszawa (Warschau)
Die größten Städte: Warszawa (1 700 000 Ew.), Łódz (Lodz, 863 000 Ew.), Kraków (Krakau, 766 000 Ew.)
Längster Fluss: Weichsel, 1047 km
Höchster Berg: Rysy, 2499 m
Promillegrenze: 0,2

Höchstgeschwindigkeiten in Polen

	innerhalb v. Ortschaften	außerhalb v. Ortschaften	Schnell-straßen	Autobahnen
Pkw	60 km/h	90 km/h	–	130 km/h
Pkw mit Anhänger	60 km/h	80 km/h	–	80 km/h
Motorr.	60 km/h	90 km/h	–	130 km/h

Die rumänischen Kennzeichen tragen schwarze Aufschrift auf weißem Grund. Am linken Schilderrand befindet sich ein blauer Streifen (mit Flagge und Kennzeichen RO). Die Buchstaben, an denen man die Herkunft des Fahrzeuges ermitteln kann, stehen an erster Stelle. Daneben steht eine Kombination aus Zahlen und Buchstaben.

Die Kennbuchstaben sind aus der Bezeichnung des Kreises abgeleitet. Wo der Name des Kreises nicht mit der Kreishauptstadt identisch ist, ist in der Liste die Hauptstadt in Klammern angegeben.

AB	Alba (Alba-Iulia)
AG	Argeş (Piteşti)
AR	Arad
B	Stadt Bukarest
BC	Bacău
BH	Bihor (Oradea)
BN	Bistrita-Năsăud (Bistrita)
BR	Brăila
BT	Botoşani
BV	Braşov (Kronstadt)
BZ	Buzău
CJ	Cluj (Cluj-Napoka/ Klausenburg)
CL	Călăraşi
CS	Caraş-Severin (Reşiţa)
CT	Constanţa
CV	Covasna (Sfăntu-Gheorghe)
DB	Dîmboviţa (Tîrgovişte)
DJ	Dolj (Craiova)
GJ	Gorj (Tîrgu-Jiu)
GL	Galaţi
GR	Giurgiu
HD	Hunedoara (Deva)
HR	Harghita (Miercurea-Ciuc)
IL	Ialomiţa (Slobozia)
IS	Iaşi
MH	Mehedinţi (Drobeta-Turnu-Severin)
MM	Maramureş (Baia-Mare)
MS	Mureş (Tîrgu-Mureş/ Neumarkt)

Höchstgeschwindigkeiten in Rumänien

	innerhalb v. Ortschaften	außerhalb v. Ortschaften	Schnell-straßen	Autobahnen
Pkw	50 km/h	90 km/h	–	120 km/h
Pkw mit Anhänger	50 km/h	70/80/90 km/h	–	–
Motorrad	50 km/h	80 km/h	–	100 km/h

NT Neamţ (Piatra-Neamţ)
OT Olt (Slatina)
PH Prahova (Ploieşti)
SB Sibiu (Hermannstadt)
SJ Sălaj (Zalău)
SM Satu-Mare
SV Suceava
TL Tulcea
TM Timiş (Timişoara)
TR Teleorman (Alexandria)
VL Vîlcea (Rîmnicu-Vîlcea)
VN Vrancea (Focşani)
VS Vaslui

Wissenswertes über Rumänien

Fläche: 237 500 qkm
Einwohner: 23,3 Mio.
Bevölkerungsdichte: 98 Einwohner pro qkm

Staatsform: Republik
Währung: 1 Leu = 100 Bani
Amtssprache: Rumänisch
Gesprochene Sprachen: Rumänisch, Ungarisch, Deutsch, Serbisch, Ukrainisch, Aromunisch, Jiddisch
Religion: 87 % Rumänisch-Orthodoxe, 5 % Katholiken, 4 % Protestanten, 1 % Griechisch-Orthodoxe, 0,2 % Muslime
Zeit: MEZ + 1 Stunde
Nationalfeiertag: 1. Dezember

Hauptstadt: Bucuresti (Bukarest)
Die größten Städte: Bucuresti (2 300 000 Ew.), Braşov (Kronstadt, 327 000 Ew.), Consţanta (Konstanza, 353 000 Ew.), Iaşi (346 000 Ew.), Timişoara (Temeschburg, 337 000 Ew.)
Längster Fluss: Donau, 1075 km rumänischer Anteil, Gesamtlänge 2858 m
Höchster Berg: Virful Moldoveanu, 2543 m
Promillegrenze: absolutes Alkoholverbot

Die Autokennzeichen von San Marino sind weiß und haben eine blaue Aufschrift. Links steht das Staatswappen (drei weiße Türme auf blauem Grund). Es folgt eine Buchstaben-Zahlen-Kombination.

Wissenswertes über San Marino

Fläche: *60,6 qkm*
Einwohner: *27 600*
Bevölkerungsdichte: *455 Einwohner pro qkm*

Staatsform: *Republik*
Währung: *1 Euro, Lira von San Marino*
Amtssprache: *Italienisch*
Gesprochene Sprachen: *Italienisch, Romagnol*
Religion: *93 % Katholiken*
Zeit: *MEZ*
Nationalfeiertag: *3. September*

Hauptstadt: *San Marino Città*
Die größten Städte: *Serravalle (7000 Ew.), San Marino Città (4000 Ew.)*
Längster Fluss: *Ausa, 8 km sanmarinischer Anteil, Gesamtlänge 21 km*
Höchster Berg: *Monte Titano, 756 m*

Promillegrenze: *0,8*

Höchstgeschwindigkeiten in San Marino

	innerhalb v. Ortschaften	außerhalb v. Ortschaften	Schnellstraßen	Autobahnen
Pkw	50 km/h	90 km/h	110 km/h	130 km/h
Pkw mit Anhänger	50 km/h	80 km/h	80 km/h	80 km/h
Motorrad	50 km/h	90 km/h	110 km/h	130 km/h

Die russischen Autokennzeichen sind weiß und haben schwarze Beschriftung. Sie besitzen eine Buchstaben- und Zahlenkombination, die jedoch nichts über die Herkunft des Fahrzeuges aussagt. Am rechten Schilderrand ist ein Feld abgetrennt. Dort ist das Nationalitätszeichen von Russland RUS und die Fahne mit den Farben Weiß-Blau-Rot zu sehen. Darüber steht eine Zahl, an der man erkennen kann, woher das Auto kommt. Sie gibt den Distrikt an, in dem das Automobil gemeldet ist.

Der Buchstabe hinter den Namen verweist auf die Karte West (S. 106) oder Karte Ost (S. 107).

01 *Republik Adygea; W*
02 *Republik Baschkortostan; W*
03 *Republik Burjatien; O*
04 *Republik Altaj; W*
05 *Republik Dagestan; W*
06 *Republik Inguschetien; W*
07 *Republik Kabardino-Balkarien; W*
08 *Republik Kalmykien; W*
09 *Karatchaewo-Tscherkesk; W*

10 *Republik Karelien; W*
11 *Republik Komi; W*
12 *Republik Mari-El; W*
13 *Republik Mordowien; W*
14 *Republik Sacha (Jakutien); O*
15 *Republik Nordosetien; W*
16 *Republik Tatarstan; W*
17 *Republik Tywa; O*
18 *Republik Udmurtien; W*
19 *Republik Chakasien; W*

20 *Republik Tschetschenien; W*
21 *Republik Tschuwaschien; W*
22 *Region Altai; W*
23 *Region Krasnodar; W*
24 *Region Krasnojarsk; W/O*
25 *Region Primorsk; W*
26 *Region Stawropol; W*
27 *Region Chabarowsk; O*
28 *Gebiet Amur; W*
29 *Gebiet Archangelsk; W*

30 *Gebiet Astrachan; W*
31 *Gebiet Belgorod; W*
32 *Gebiet Brjansk; W*
33 *Gebiet Wladimir; W*
34 *Gebiet Wolgograd; W*
35 *Gebiet Wologda; W*
36 *Gebiet Woronesch; W*
37 *Gebiet Iwanowsk; W*
38 *Gebiet Irkutsk; O*
39 *Gebiet Kaliningrad (Königsberg); W*

40 Gebiet Kaluga; W
41 Gebiet Kamchatka; O
42 Gebiet Kemerowo; W
43 Gebiet Kirow; W
44 Gebiet Kostroma; W
45 Gebiet Kurgan; W
46 Gebiet Kursk; W
47 Gebiet St. Petersburg; W
48 Gebiet Lipetzk; W
49 Gebiet Magadan; O

50 Gebiet Moskau; W
51 Gebiet Murmansk; W
52 Gebiet Nishegorod; W
53 Gebiet Nowgorod; W
54 Gebiet Nowosibirsk; W
55 Gebiet Omsk; W
56 Gebiet Orenburg; W
57 Gebiet Orlow; W
58 Gebiet Pensa; W
59 Gebiet Perm; W

60 Gebiet Pskow; W
61 Gebiet Rostow; W
62 Gebiet Rjazan; W
63 Gebiet Samara; W
64 Gebiet Saratov; W
65 Gebiet Sachalin; O
66 Gebiet Swerdlowsk; W
67 Gebiet Smolensk; W
68 Gebiet Tambovsk; W
69 Gebiet Twerj; W

70 Gebiet Tomsk; W
71 Gebiet Tula; W
72 Gebiet Tjumen; W
73 Gebiet Uljanowsk; W
74 Gebiet Tscheljabinsk; W
75 Gebiet Tschitinsk; O
76 Gebiet Jaroslawl; W

Russische Föderation West

77 *Stadt Moskau; W*

78 *Stadt St. Petersburg; W*

79 *Jüdische autonome Republik; O*

80 *Aginischer Burjatischer Autonomer Kreis; O*

81 *Komi-Permatskischer Autonomer Kreis; W*

82 *Korjakskischer Autonomer Kreis; O*

83 *Nenezkischer Autonomer Kreis; O*

84 *Taimyrskischer Autonomer Kreis; O*

85 *Ustj-Ordinischer Burjatischer Autonomer Kreis; O*

86 *Chanty-Mansijskij Autonomer Kreis; W*

87 *Tschukotskischer Autonomer Kreis; O*

88 *Ewenkiskischer Autonomer Kreis; O*

89 *Jamalo-Nenezkischer Autonomer Kreis; W*

99 *Stadt Moskau; W*

Russische Föderation Ost

Wissenswertes über die Russische Föderation

Fläche: 17 075 400 qkm
Einwohner: 149,0 Mio.
Bevölkerungsdichte: 9 Einwohner pro qkm

Staatsform: Föderale Präsidialrepublik
Währung: 1 Rubel = 100 Kopeken
Amtssprache: Russisch
Gesprochene Sprachen: Russisch, Tatarisch, Ukrainisch, Tschuwaschisch und über 100 weitere Minderheitensprachen
Religion: überwiegend Russisch-Orthodoxe
Zeit: Moskauer Zeit (MEZ + 2 Stunden)
Nationalfeiertage: 9. Mai, 12. Juni, 22. August, 7./8. November und 12. Dezember
Hauptstadt: Moskva (Moskau)
Die größten Städte: Moskva (9 324 000 Ew.), St. Petersburg (5 216 000 Ew.), Nowosibirsk (1 498 000 Ew.), Nishni Nowgorod (1 497 000 Ew.), Jekaterinburg (1 424 000 Ew.)

Längster Fluss (europäischer Teil): Wolga, 3530 km
Höchster Berg (europäischer Teil): Elbrus, 5642 m
Größter See (europäischer Teil): Ladogasee, 17 700 qkm

Promillegrenze: absolutes Alkoholverbot
Bekannte Automarken: GAZ, Lada, Moskwitsch, UAZ, ZAZ

Höchstgeschwindigkeiten in Russland

	innerhalb v. Ortschaften	außerhalb v. Ortschaften	Schnellstraßen	Autobahnen
Pkw	60 km/h	90 km/h	–	110 km/h
Pkw mit Anhänger	50 km/h	90 km/h	–	80 km/h
Motorrad	50 km/h	90 km/h	–	–

Die schwedischen Autokennzeichen bestehen aus drei Buchstaben und drei Ziffern – Schwarz auf Weiß. Die genaue Herkunft des Autos ist nicht feststellbar. Schwedische Fahrzeuge fallen durch ihre farbige TÜV-Plakette zwischen den Buchstaben und den Zahlen auf.

Es besteht auch die Möglichkeit eines Wunschkennzeichens nur aus Buchstaben. Die TÜV-Plakette wird dann am Ende angebracht.

Wissenswertes über Schweden

Fläche: 449 964 qkm
Einwohner: 8,8 Mio.
Bevölkerungsdichte: 20 Einwohner pro qkm
Staatsform: parlamentarische Monarchie (Königreich)
Währung: 1 Schwedische Krone = 100 Öre
Amtssprache: Schwedisch
Gesprochene Sprachen: Schwedisch, Finnisch, Lappisch
Religion: 89 % Protestanten
Zeit: MEZ
Nationalfeiertage: 30. April und 6. Juni

Hauptstadt: Stockholm
Die größten Städte:
Stockholm (695 000 Ew.), Göteborg (444 000 Ew.), Malmö (241 000 Ew.), Uppsala (180 000 Ew.), Linköping (130 000 Ew.)
Längster Fluss: Torneälven, 570 km
Höchster Berg: Kebnekaise, 2111 m
Größter See: Vänersee, 5584 qkm

Promillegrenze: 0,2
Bekannte Automarken:
Saab, Volvo

Höchstgeschwindigkeiten in Schweden

	innerhalb v. Ortschaften	außerhalb v. Ortschaften	Schnellstraßen	Autobahnen
Pkw	50 km/h	70/90 km/h	90/110 km/h	110 km/h
Pkw mit Anhänger	50 km/h	80 km/h	80 km/h	50/80 km/h
Motorrad	50 km/h	70/90 km/h	90/110 km/h	110 km/h

Die Kennzeichen haben schwarze Schrift auf weißem Untergrund.

Seit kurzem werden neue Kennzeichen ausgegeben: Am linken Schilderrand erkennt man das Staatswappen, darunter die Buchstaben SK. Dann folgen zwei Buchstaben, die den Herkunftsbezirk angeben, dahinter eine fünfstellige Zahlen-Buchstaben-Kombination.

BA	Bratislava
BB	Banská Bystrica
BC	Banská Bystrica
BJ	Bardejov
BL	Bratislava
BN	Bánovce nad Bebravou
BR	Brezno
BS	Banská Štiavnica
BY	Bytča
CA	Čadca
DK	Dolný Kubin
DS	Dunajská Streda
DT	Detva
GA	Galanta
GL	Gelnica
HC	Hlohovec
HE	Humenné
IL	Ilava
KA	Krupina
KE	Košice
KI	Košice
KK	Keûmarok
KM	Kysucké Nové Město
KO	Komárno
KS	Košice okolie
LC	Lučenec
LE	Levoča
LM	Liptorský Mikoláë
LV	Levice
MA	Malacky
MI	Michalovce
ML	Medzilaborce
MT	Martin
MY	Myjava
NI	Nitra
NM	Nové Město nad Váhom
NO	Námestovo
NR	Nitra
NZ	Nové Zámky
PB	Povaûská Bystrica

Höchstgeschwindigkeiten in der Slowakei

	innerhalb v. Ortschaften	außerhalb v. Ortschaften	Schnellstraßen	Autobahnen
Pkw	60 km/h	90 km/h	–	130 km/h
Pkw mit Anhänger	60 km/h	80 km/h	–	80 km/h
Motorrad	60 km/h	90 km/h	–	90 km/h

PD *Prievidza*
PE *Partizánske*
PK *Pezinok*
PN *Piešt'any*
PO *Prešov*
PP *Poprad*
PT *Poltár*
PU *Púchov*
PV *Prešov*
RA *Revúca*
RK *Ruûomberok*
RS *Rimaská Sobota*
RV *Rožňava*
SA *Šal'a*
SB *Sabinov*
SC *Senec*
SE *Senica*
SI *Skalica*
SL *Stará L'ubovňa*
SN *Spišská Nová Ves*
SO *Sobrance*
SP *Stropkov*
SV *Snina*
TA *Turčinaske teplice*
TC *Trenčin*
TN *Trenčin*
TO *Topol'čany*
TR *Turčianske teplice*
TS *Tvrdošín*
TT *Trnava*
TV *Trebišov*
VK *Vel'k? Krtíš*
VT *Vranov nad Topl'ou*
ZA *Žilina*
ZC *Žarnovica*
ZH *Žiar nad Hronom*
ZI *Žilina*
ZM *Zlaté Moravce*
ZV *Zvolen*

Wissenswertes über die Slowakei

Fläche: 49 035 qkm
Einwohner: 5,4 Mio.
Bevölkerungsdichte: 110 Einwohner pro qkm
Staatsform: Republik
Währung: Slowakische Krone
Amtssprache: Slowakisch
Hauptstadt: Bratislava (Preßburg)
Die größten Städte: Bratislava (450 000 Ew.), Košice (242 000 Ew.)
Promillegrenze: Alkoholverbot

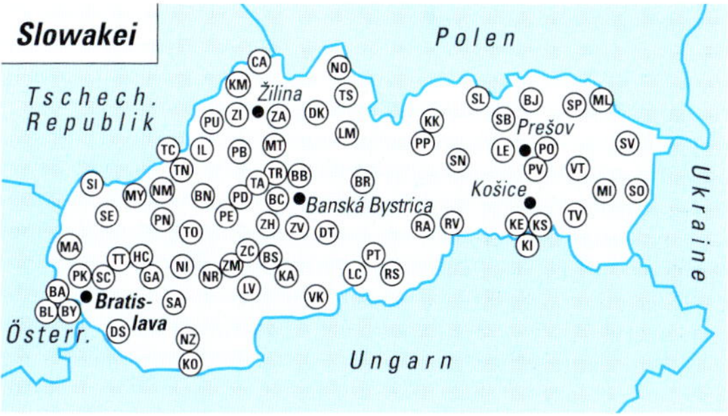

CE	*Celje (Cilli)*
GO	*Nova Gorica*
KK	*Krško*
KP	*Koper*
KR	*Kranj*
LJ	*Ljubljana (Laibach)*
MB	*Maribor (Marburg a. d. Drau)*
MS	*Murska Sobota*
NM	*Novo Mesto*
PO	*Postojna (Adelsberg)*
SG	*Slovenj Gradec*

Die slowenischen Autokennzeichen sind weiß, ihre Aufschrift schwarz. Die Schilder sind mit einem grünen Streifen umrandet. Man kann bei slowenischen Kraftfahrzeugen an den ersten beiden Buchstaben erkennen, woher sie kommen. Sie geben den Bezirk an, in dem das Auto gemeldet ist. Nach einem Wappen folgt eine zweistellige Buchstaben-Ziffernfolge. Ein Bindestrich trennt sie von einer weiteren Buchstaben-Zahlen-Kombination.

Höchstgeschwindigkeiten in Slowenien

	innerhalb v. Ortschaften	außerhalb v. Ortschaften	Schnellstraßen	Autobahnen
Pkw	60 km/h	70 km/h	100 km/h	130 km/h
Pkw mit Anhänger	60 km/h	80 km/h	80 km/h	80 km/h
Motorrad	60 km/h	70 km/h	100 km/h	130 km/h

Wissenswertes über Slowenien

Fläche: 20 254 qkm
Einwohner: 2,0 Mio.
Bevölkerungsdichte: 99 Einwohner pro qkm

Staatsform: Republik
Währung: 1 Slowenischer Tolar = 100 Stotin
Amtssprache: Slowenisch
Gesprochene Sprachen: Slowenisch, Serbokroatisch
Religion: 90 % Katholiken, orthodoxe, muslimische und jüdische Minderheiten
Zeit: MEZ
Nationalfeiertag: 25. Juni

Hauptstadt: Ljubljana
Die größten Städte: Ljubljana (320 000 Ew.), Maribor (111 000 Ew.), Celje (43 000 Ew.), Kranj (39 000 Ew.), Velenje (29 000 Ew.)
Längster Fluss: Save, 221 km slowenischer Anteil, Gesamtlänge 945 km
Höchster Berg: Triglav, 2863 m

Promillegrenze: 0,5

Jeder weiß, dass in Rom der kleinste Staat der Welt beheimatet ist, und denkt dabei an den Vatikan. In Wirklichkeit aber ist es ein kleiner Palast in der Via Condotti Nr. 68, unweit der berühmten Spanischen Treppe. Dort residiert der Souveräne Militär-Orden von Malta. Er besitzt exterritoriale souveräne Rechte, gehört also nicht zum italienischen Staat.

Der Orden wurde im Jahre 1113 in Jerusalem als Ritterorden gegründet und kümmerte sich um die Pilger im Heiligen Land. Vor dem Ansturm der Muslime zogen sie sich auf die Insel Rhodos zurück. Aber auch diese Insel fiel 1522 nach einem heldenhaften Verteidigungskampf in die Hände der Türken. Kaiser Karl V. schenkte dem Orden daraufhin die Insel Malta. Bis auf den heutigen Tag heißt der Orden Malteserorden, obwohl auch die Insel Malta nicht mehr zu seinem Territorium gehört. Nach wie vor widmen sich die Malteser humanitären Zielen in aller Welt.

Dieser kleine Staat mit eigenem Pass- und Münzwesen hat auch ein eigenes Nummernsystem. Die Autos des Malteserordens – es sind weniger als 100 Fahrzeuge – tragen ein Schild mit den Buchstaben S. M. O. M., gefolgt von einer Nummer. Die Abkürzung steht für: Sovrano Militare Ordine di Malta, stimmt aber auch für die englische Bezeichnung Sovereign Military Order of Malta.

Die türkischen Autokennzeichen besitzen seit einiger Zeit einen blauen Streifen am linken Schilderrand mit dem Nationalkennzeichen TR. Bei den älteren Schildern fehlt dieser Streifen. Ansonsten hat sich der Aufbau der Schilder nicht geändert. Er beginnt mit einer zweistelligen Zahl. Danach kommt eine fünfstellige Buchstaben-Zahlen-Kombination. Anhand der beiden ersten Ziffern des Nummernschildes kann man feststellen, aus welchem Teil der Türkei das Fahrzeug kommt. Dienstfahrzeuge haben bei gleicher Anordnung der Zahlen und Buchstaben andersfarbige Schilder (schwarz, grün, rot).

Der Buchstabe hinter den Ortsnamen verweist auf die Karte West (S. 116) oder Karte Ost (S. 117).

01 Adana; W
02 Adiyaman; O
03 Afyon; W
04 Ağri; O
05 Amasya; O
06 Ankara; W
07 Antalya; W
08 Artvin; O
09 Aydin; W

10 Balikesir; W
11 Bilecik; W
12 Bingöl; O
13 Bitlis; O
14 Bolu; W
15 Burdur; W
16 Bursa; W
17 Çanakkale; W
18 Çankiri; W
19 Çorum; W

20 Denizli; W
21 Diyarbakir; O
22 Edirne; W
23 Elaziğ; O
24 Erzincan; O
25 Erzurum; O
26 Eskişehir; W
27 Gaziantep; O
28 Giresun; O
29 Gümüşhane; O

30 Hakkari; O
31 Hatay (Atakya); O
32 Isparta; W
33 İçel (Merşin); W
34 İstanbul; W
35 İzmir; W
36 Kars; O
37 Kastamonu; W
38 Kayseri; W/O
39 Kirklareli; W

40	*Kirşehir; W*
41	*Kocaeli (İzmit); W*
42	*Konya; W*
43	*Kütahya; W*
44	*Malatya; O*
45	*Manisa; W*
46	*Kahraman Maraş; O*
47	*Mardin; O*
48	*Muğla; W*
49	*Mus; O*
50	*Nevşehir; W*
51	*Niğde; W*
52	*Ordu; O*
53	*Rize; O*
54	*Sakarya (Adapazari); W*
55	*Samsun; O*
56	*Siirt; O*
57	*Sinop; W*
58	*Sivas; O*
59	*Tekirdağ; W*
60	*Tokat; O*
61	*Trabzon; O*
62	*Tunceli; O*
63	*Sanliurfa; O*
64	*Úşak; W*
65	*Van; O*
66	*Yozgat; W*
67	*Zonguldak; W*
68	*Aksaray; W*
69	*Bayburt; O*
70	*Karaman; W*
71	*Kirikkale; W*
72	*Batman; O*
73	*Şirnak; O*
74	*Bartin; W*
75	*Ardahan; O*
76	*Iğdir; O*
77	*Yalova; W*
78	*Karabük; W*
79	*Kilis; O*
80	*Osmaniye; O*

Türkei Ost

Wissenswertes über die Türkei

Fläche: 779 452 qkm
Einwohner: 61,9 Mio.
Bevölkerungsdichte: 80 Einwohner pro qkm

Staatsform: Republik
Währung: 1 Türkische Lira = 100 Kurus
Amtssprache: Türkisch
Gesprochene Sprachen: Türkisch, Kurdisch, Arabisch, Griechisch, Armenisch
Religion: 99 % Muslime, 0,4 % Christen
Zeit: Osteuropäische Zeit (MEZ + 1 Stunde)
Nationalfeiertag: 29. Oktober

Hauptstadt: Ankara
Die größten Städte: İstanbul (6 600 000 Ew.), Ankara (2 600 000 Ew.), İzmir (2 002 000 Ew.), Adana (1 044 000 Ew.), Bursa (950 000 Ew.)
Längster Fluss: Kizilirmak, 1355 km
Höchster Berg: Ararat, 5165 m
Größter See: Vansee, 3760 qkm

Promillegrenze: Pkw-Fahrer ohne Anhänger: 0,5; alle anderen: absolutes Alkoholverbot
Bekannte Automarke: Murat

Höchstgeschwindigkeiten in der Türkei

	innerhalb v. Ortschaften	außerhalb v. Ortschaften	Schnell-straßen	Autobahnen
Pkw	50 km/h	90 km/h	–	130 km/h
Pkw mit Anhänger	50 km/h	80 km/h	–	130 km/h
Motorrad	50 km/h	90 km/h	–	130 km/h
Wohnmob.	30 km/h	80 km/h	–	130 km/h

Die ukrainischen Kennzeichen kann man gut an der Nationalflagge in den Farben Blau-Gelb erkennen. Sie befindet sich in der linken oberen Ecke des Schildes. Darunter steht eine kleine zweistellige Zahl. Diese Nummer ist für die Identifikation der Herkunft des Fahrzeuges ausschlaggebend, denn sie gibt das Gebiet an, in dem das Kraftfahrzeug gemeldet ist. Das Kennzeichen selbst besteht aus fünf Ziffern, die nach der dritten Zahl durch einen Bindestrich getrennt sind. Es folgt eine zweistellige Buchstabenkombination. Insgesamt ist das Kennzeichen weiß, seine Aufschrift schwarz. Auch die Buchstabenkombination lässt Rückschlüsse auf das jeweilige Gebiet zu. Wegen des kyrillischen Alphabets ist aber diese Art der Identifikation wesentlich komplizierter.

Bei Lastwagen sieht man häufig noch Nummernschilder mit abgeschrägten Ecken. Diesen Schildertyp findet man bei allen Nachfolgestaaten der ehemaligen Sowjetunion. Sie werden nach und nach durch die Schilder der neuen Staaten ersetzt.

01 *Autonome Republik Krym (Krim)*
02 *Gebiet Vynnyza*
03 *Gebiet Volyn*
04 *Gebiet Dnipropetrovsk*
05 *Gebiet Donezk*
06 *Gebiet Shytomyr*
07 *Gebiet Sakarpattja*
08 *Gebiet Saporishshja*
09 *Gebiet Ivano-Frankivsk*

10 *Gebiet Kyiv (Kiew)*
11 *Stadt Kyiv (Kiew)*
12 *Gebiet Kirovohrad*
13 *Gebiet Luhansk*
14 *Gebiet Lviv (Lemberg)*
15 *Gebiet Mykolajiv*
16 *Gebiet Odesa (Odessa)*
17 *Gebiet Poltava*
18 *Gebiet Rivne*
19 *Stadt Sevastopol*

20 *Gebiet Sumy*
21 *Gebiet Ternopil*
22 *Gebiet Charkiv*
23 *Gebiet Cherson*
24 *Gebiet Chmelnyzk*
25 *Gebiet Tscherkasy*
26 *Gebiet Tschenihiv*
27 *Gebiet Tschernivzi*

Wissenswertes über die Ukraine

Fläche: *603 700 qkm*
Einwohner: *52,9 Mio.*
Bevölkerungsdichte: *88 Einwohner pro qkm*

Staatsform: *Republik*
Währung: *1 Griwna = 100 Kopeken*
Amtssprachen: *Ukrainisch, Russisch*
Gesprochene Sprachen: *Ukrainisch, Russisch, Weißrussisch*
Religion: *überwiegend Ukrainisch-Orthodoxe, ukrainisch-autokephale orthodoxe und katholische Minderheiten*
Zeit: *Osteuropäische Zeit (MEZ + 1 Stunde)*
Nationalfeiertag: *24. August*

Hauptstadt: *Kyiv (Kiew)*
Die größten Städte: *Kyiv (2 700 000 Ew.), Charkiv (Charkow, 1 652 000 Ew.), Dnipropetrovsk (1 208 000 Ew.), Donezk (1 141 000 Ew.), Odesa (Odessa, 1 120 000 Ew.)*
Längster Fluss: *Dnjepr, 1200 km ukrainischer Anteil, Gesamtlänge 2200 km*
Höchster Berg: *Gowerla, 2061 m*
Größter See: *Kremencuker Stausee, 2800 qkm*

Promillegrenze: *absolutes Alkoholverbot*

Höchstgeschwindigkeiten in der Ukraine

	innerhalb v. Ortschaften	außerhalb v. Ortschaften	Schnellstraßen	Autobahnen
Pkw	60 km/h	90 km/h	–	110 km/h
Pkw mit Anhänger	50 km/h	90 km/h	–	90 km/h
Motorrad	60 km/h	90 km/h	–	110 km/h

In einem der kleinsten Staaten Europas gibt es ca. 150 Autos. Dienstfahrzeuge des Vatikans tragen das Kennzeichen SCV (Stato della Citta del Vaticano), gefolgt von einer Nummer. Die sog. Papamobile, die der Papst bei seinen Auslandsreisen benutzt, haben die Nummern SCV6 und SCV7 in roter Schrift auf weißem Grund. Für die Buchstaben SCV hat der Volkswitz folgende Erklärung gefunden: Se Christo vedesse (wenn Christus das sähe). Privatfahrzeuge der ca. 450 Staatsbürger der Vatikanstadt haben das Kennzeichen CV.

Wissenswertes über den Vatikanstaat

Fläche: 0,44 qkm
Einwohner: ca. 450 Staatsbürger und ca. 350 Bewohner ohne Bürgerrecht

Staatsform: Wahlmonarchie
Währung: 1 Vatikanische Lira = 100 Centesimi
Amtssprachen: Latein, Italienisch
Gesprochene Sprachen: Italienisch, Latein
Religion: 100 % Katholiken
Zeit: MEZ
Nationalfeiertag: 22. Oktober

Jugoslawien (YU)

Die jugoslawischen Kennzeichen erkennt man an dem kleinen roten Stern, der die Kennbuchstaben von der vier- bis sechsstelligen Zahlenkombination trennt. Das Schild ist weiß, die Aufschrift schwarz. Die Zahlenkombination ist durch einen kleinen Bindestrich in zwei Gruppen geteilt. Die beiden Kennbuchstaben sind eine Abkürzung für das Gebiet, in dem das Fahrzeug angemeldet ist.

Für Anhänger ist die Reihenfolge der Aufschrift umgekehrt: erst kommt die sechsstellige Zahl, danach der rote Stern mit der Buchstabenkennung.

AR Arendelovac

BA Berane
BD Budva
BG Belgrad
BO Bor
BP Bijelo Polje
BR Bar

ČA Čaček
CT Cetinje

DJ Djakovica

GL Gnjilane
GM Gornji Milanovac

HN Herceg Novl

JA Jagodina

KG Kragujevac
KI Kikinda
KM Kosovska Mitrovica
KO Kotor

Höchstgeschwindigkeiten in Jugoslawien

	innerhalb v. Ortschaften	außerhalb v. Ortschaften	Schnell-straßen	Autobahnen
Pkw	60 km/h	80 km/h	100 km/h	120 km/h
Pkw mit Anhänger	60 km/h	80 km/h	80 km/h	80 km/h
Motorrad	60 km/h	80 km/h	100 km/h	120 km/h

KS *Kruševac*
KV *Kraljevo*

LE *Leskovac*
LO *Loznica*

NI *Niš*
NK *Nikšić*
NP *Novi Pazar*
NS *Novi Sad*

PA *Pančevo*
PB *Priboj*
PE *Peć*
PG *Podgorica*
PJ *Pirot*
PK *Prokuplje*
PN *Paraćin*
PO *Požarevac*
PR *Priština*
PV *Pljevlja*
PZ *Prizren*

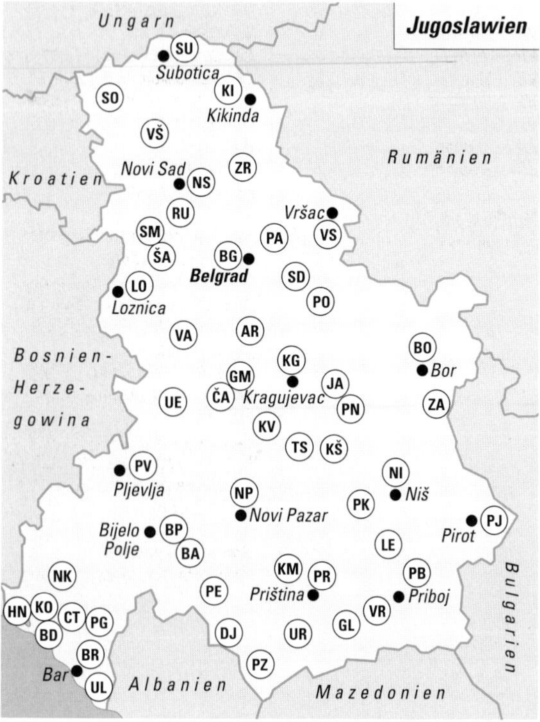

RU *Ruma*

ŠA *Šabac*
SD *Smederevo*
SM *Sremska Mitrovica*
SO *Sombor*
SU *Subotica*
TS *Trstenik*

UE *Užice*
UL *Ulcinj*
UR *Urosevac*

VA *Valjevo*
VR *Vranje*
VS *Vrbas*
VŠ *Vršac*

ZA *Zaječar*
ZR *Zrenjanin*

Wissenswertes über Jugoslawien

Fläche: *102 173 qkm*
Einwohner: *10,8 Mio.*
Bevölkerungsdichte: *106 Einwohner pro qkm*

Staatsform: *Bundesrepublik*
Währung: *Neuer Dinar*
Amtssprache: *Serbisch*
Gesprochene Sprachen: *Serbisch, Albanisch, Montenegrisch, Ungarisch*
Religion: *44 % Serbisch-Orthodoxe, 31 % Katholiken, 12 % Muslime, protestantische und jüdische Minderheiten*
Zeit: *MEZ*
Nationalfeiertage:
29. und 30. November

Hauptstadt: *Beograd (Belgrad)*
Die größten Städte:
Beograd (1 500 000 Ew.), Novi Sad (178 000 Ew.), Niš (168 000 Ew.), Kragujevac (153 000 Ew.), Priština (113 000 Ew.).
Längster Fluss: *Donau, 591 km jugoslawischer Anteil, Gesamtlänge 2858 km*
Höchster Berg: *Daravica, 2656 m*
Größter See: *Skutarisee, 220 qkm jugoslawischer Anteil, Gesamtfläche 370 qkm*

Promillegrenze: *0,5*
Bekannte Automarke: *Zastava*

Medizinische Informationen für den Notfall

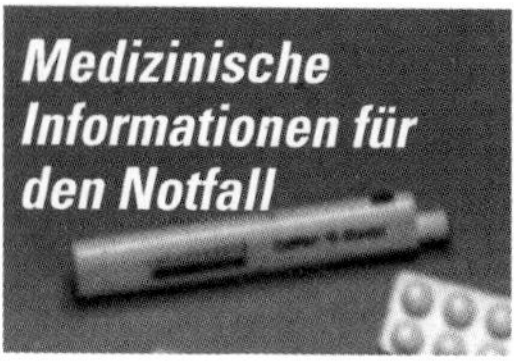

(vor der Reise eintragen und immer bei sich tragen)

Name

Geburtsdatum

Adresse

Tel.-Nr.

Nächste Verwandte

Arzt

Blutgruppe

Vorkrankheiten/ Unfälle

Allergien

Impfungen

Schwangerschaft:

Dauermedikation

Versicherung

Versicherungs-Nr.

Bei der Arbeit an diesem Buch erfuhr ich Unterstützung von vielen Seiten. Besonders danke ich:

Alik (AP Warschau), Automobile Association (London), Dr. György Batizi (Ungarische Botschaft Berlin), Grethe Birkelund (NAF Oslo), R. Boleich (Trade Council of Iceland Berlin), Botschaft von Monaco (Bonn), Bogdan Brus (AMZS Ljubljana), Robert Butschen (debelux-Handelskammer Brüssel), L. Della Valle (ACS Bern), Dott. Ing. Marco Conti (Finazministerium San Marino/Autoregistrierung), Gianni Danzi (Vatikanstadt), Deutsche Botschaft Chisinau, Nadia Dimitrova (Sofia), Peter Dubcek (Slowakische Botschaft Berlin), I. I. Dudik (Innenministerium Minsk), Ariane Eckstein-Habermann (Deutsche Botschaft Belgrad), Alex H. Egner (Lörrach), Caspar Flor (FDM Lyngby), Klaus Hausdorf (Benidorm), Simone Heß (Delegation der deutschen Wirtschaft Sankt Petersburg), Frau Geick, P. Geyer (Tüttleben), Josef Grimm (Augsburg), Dorothee Hartmann (Leonberg), Hubert Heisterborg (Herdecke), Peter Hellmich (Nürnberg), Volkmar Hoffmann (Berlin), Italienisches Generalkonsulat (Berlin), Daina Johannson (Motormänns Riksförbund Stockholm), Eva Kostevc (HAK Zagreb), Philippos Kritiotis (Botschaft von Zypern Bonn), Susanne Kübelbäck (Berlin), Lettische Botschaft Bonn, Rüdiger Lenthe (Hamburg), Frau Linhard (Berlin), Kalevi Lintula (Suomen Autokatsastus Helsinki), Rudi Longueville (Maldegem/Belgien), Cornelia Maedebach (Berlin), Mario Maedebach (Berlin), F. C. Matla (RDW Veendam), Herbert Mertens (Kelmis), Dr. Günther Metzger (Deutsch-Portugiesische Industrie- und Handelskammer Lissabon), Jean Charles Montigny (Cuxhaven), C. Neel (ACF Paris), Dr. Roberto Neri (Transportministerium Rom), ÖAMTC (Wien), Peter Obrist (Bad Homburg), Erik Onnen (Ellrich), Dieter Petermann (Schleswig), Reinhard Pflüger (Frankfurt), W. Phoros (Innenministerium Chisinau), Z. Pieniezny (Polnische Botschaft Berlin), Marina Rabe (Pöttum), J. U. Rademaker (Nattheim), Edith Renfordt (Betzdorf), Wolfgang Reuter (Kassel), Kait Ristmets (Estnische Botschaft Bonn), Harald Rörentrop (Bergkamen), Raymond Ruebrecht (Societe Nationale de Controle Technique Sandweiler), Niels Rump (Erlangen), Stephan Sawrey (Solihall), Klaus Schameitat (Mönchengladbach), Dr. Manfred Schmall (Darmstadt), Beat Schmid (Oberwil), Schmidt (Deutsche Botschaft Athen), Dr. Oliver Schnakenberg (Deutsche Botschaft Kiew), Dirk Schneider (Freudenberg), Scholz (Deutsche Botschaft Minsk), Niklaus Schreiber (Wegenstetten/Schweiz), Volker Seidl (Deutsche Botschaft Bukarest), Michael Šmíd (Rohatec), Stümpel (Deutsche Botschaft Valetta), Rüdiger Tonscheidt (Cottbus), Enric Torres (Tourismusministerium Andorra), Frank Trompetter (Rösrath), Türkisches Generalkonsulat (Frankfurt a. M.), K. Viduka (HAK Zagreb), Helga Weber (Deutsche Botschaft Wilna), Helmut Winkelmann (Hannover), Wölk-Alevisopoulos (Deutsche Botschaft Skopje)

Liebe Leserinnen und Leser,

wir freuen uns, Ihre Meinung zu diesem Reiseführer zu erfahren. Bitte schreiben Sie uns, wenn Sie Berichtigungen und Ergänzungsvorschläge haben oder wenn Ihnen etwas besonders gut gefällt:

Gräfe und Unzer Verlag, Reiseredaktion, Postfach 86 03 66, 81630 München
E-Mail: merian-kompass@graefe-und-unzer.de

Bei Interesse an Karten aus MERIAN-Reiseführern schreiben Sie bitte an:
iPublish GmbH
geomatics
Berg-am-Laim-Straße 47
81673 München
E-Mail: geomatics@ipublish.de

Alle Angaben in diesem Reiseführer sind gewissenhaft geprüft. Für eventuelle Fehler übernimmt der Verlag keine Haftung.

Redaktion: Jan Scherping
Kartenredaktion:
Elisabeth Jenni, Ingrid Schobel

Gestaltung: Ludwig Kaiser
Karten: Kartographie Huber
Produktion: Claudia Zobel
Satz und Layout: H3A GmbH, München
Druck und Bindung: Auer, Donauwörth
ISBN 3-7742-0734-8

Dieses Buch wurde auf chlorfrei gebleichtem Papier gedruckt.

Auflage	*7.*	*6.*	*5.*	*4.*	*3.*
Jahr	*2006*	*05*	*04*	*03*	*02*